Michael Scheler

Das BLACKOUT KOCHBUCH.

22 REZEPTE

Wie man ohne Strom kocht und was man für den Notfall im Haus haben sollte

pietsch

Fotonachweis: Die Abbildungen im Innenteil stammen vom Autor mit den folgenden Ausnahmen:
4/5: shutterstock/Yevhen Prozhyrko; 10: shutterstock/goffkein.pro; 11: Shutterstock/Marian Weyo; 12 (l.): shutterstock/Bohbeh; 12 (r.): shutterstock/AS photo family; 14 (o.): shutterstock/Cozine; 60 (u.): shutterstock/Lanny Liu; 71 (o.): shutterstock/Lesterman; 71 (u.): shutterstock/Val_R; 89: shutterstock/Val_R; 90: shutterstock/Soumitra Pendse; 91: shutterstock/Happy Author; 96/97: shutterstock/Anna_Pustynnikova; 119: shutterstock/RVillalon; 120: shutterstock/Photoongraphy; 121: shutterstock/Anna_Pustynnikova; 122: shutterstock/Terelyuk

Titelbild: © Collage von Kornelia Erlewein unter Verwendung eines Fotos als Hintergrund

ISBN 978-3-613-50944-3

Postfach 103743, 70032 Stuttgart

Ein Unternehmen der
Paul Pietsch Verlage GmbH & Co. KG
1. Auflage 2023

Sie finden uns im Internet unter
www.pietsch-verlag.de

Lektorat: Niko Schmidt
Cover, Layout und Satz:
grafik+design Kornelia Erlewein
Druck und Bindung: Graspo CZ, 76302 Zlín
Printed in Czech Republic

01 VORWORT

Mein erstes Kochbuch *Cooking off the Road*, das 2020 ebenfalls im pietsch Verlag erschien, ist ein Reisekochbuch. Darin beschäftige ich mich vor allem mit den Möglichkeiten, unterwegs im Wohnmobil oder im Campervan zu kochen. Und natürlich mit der Frage, welche Lebensmittel man problemlos im Fahrzeug dabeihaben kann, was man wie aufbewahrt und was man besser frisch kauft und möglichst schnell zu einem leckeren Essen verarbeitet. Und eigentlich war nicht geplant, nach *Cooking off the Road* noch ein weiteres Kochbuch zu schreiben.

Mein Reisekochbuch entstand in den ersten Monaten der Corona-Krise. Eigentlich wollten meine Frau und ich es in Frankreich am Meer schreiben. Stattdessen haben wir es in einem kleinen Ferienhaus im Odenwald verfasst. Denn unsere Wohnung hatten wir für den geplanten, längeren Aufenthalt bereits gekündigt, und die Nachmieter waren schon gefunden. Aber die Pandemie hat nicht nur unsere Reisepläne zunichte gemacht, sondern – nicht nur bei uns – auch das Denken beeinflusst. Was, wenn es plötzlich heißt, dass man zwei Wochen zu Hause in Quarantäne verbringen muss? Und was, wenn man niemanden hat, der für einen einkaufen geht oder gehen kann, weil er selbst in Quarantäne ist?

Und dann kam der Tag, als in Europa ein Krieg ausbrach. Gar nicht so weit weg von uns. Und mit all seine Folgen wie Gasknappheit, Lebensmittelknappheit, und erneuten Hamsterkäufen. Doch nicht nur der Krieg mit seine fatalen Folgen ist ein Problem. Auch der Klimawandel trägt seinen Teil dazu bei. In ganz Frankreich gibt es schon länger keinen Dijon-Senf zu kaufen. Ein großer Teil der dafür benötigten Senfkörner kommt aus Kanada. Dort fiel die Ernte 2021 wegen extremer Trockenheit sehr schlecht aus. Ein Umstand, der uns bald bei noch mehr Lebensmitteln drohen könnte.

All das trägt dazu bei, dass man in der Öffentlichkeit seit geraumer Zeit nicht mehr diskutiert ob irgendwann ein Stromausfall drohen könnte, sondern die Frage, wann es passiert. Was lag also näher, als das Wissen um das Kochen im Reisemobil für das Schreiben eines *Blackout-Kochbuchs* zu verwenden? Auch im Wohnmobil kocht man meist ohne elektrischen Strom, und auf Reisen sollte man einen gewissen Vorrat an Lebensmitteln dabeihaben. Das auf die Situation zu Hause zu übertragen, ist also nicht schwer.
Sicher, ich hatte mir nie vorgestellt, eines Tages ein Kochbuch mit Tipps und Rezepten für den Notfall zu schreiben. Denn ich bin in einer Zeit aufgewachsen und groß geworden, in der es bei uns keinen Mangel gab. Lebensmittel im Überfluss, Strom im Überfluss und Wasser war mit Ausnahme der Wasserknappheit in den 1970er-Jahren auch nie ein Problem. Doch nun, ein paar Jahre vor meiner Rente, hat sich die Welt verändert. Leider jedoch nicht zum Guten.

Ich hoffe für uns alle, dass sie sehr bald wieder friedlicher und besser wird. Doch bis dahin bleibt uns wohl nicht viel anderes übrig, als uns ein wenig vorzubereiten und vorzusorgen.

In diesem Sinne – be prepared!

Euer
Michael Scheler

WEISSE BOHNEN
mit Suppengrün

Der **Blackout** – ein unvorhersehbarer, nicht kalkulierbarer Stromausfall im Gegensatz zum Brownout. Als **Brownout** wird eine zu geringe Spannung im Stromnetz bezeichnet, die teilweise oder lokal begrenzte Stromausfälle bewirkt. Energieversorger planen Brownouts, um Blackouts zu vermeiden, sie sind also geplant eingesetzt und Beginn und Ende sind vorausbestimmt.

02 EINLEITUNG

Wenn der Strom ausfällt, bleibt in vielen Haushalten die Küche kalt. Es sei denn man hat für diesen Fall mit einem Notfallkocher vorgesorgt. Denn, und das wissen wir nicht erst seit gestern:

Etwas Warmes braucht der Mensch.

Alle Lichter aus, Kerzen an, eine Tasse heißen Tee in der Hand, in eine Decke gehüllt und ab aufs Sofa. Was nach einem gemütlichen Sonntagnachmittag bei Regen oder Schneefall klingt, wird schnell zur Herausforderung, wenn der Strom plötzlich für eine längere Zeit weg ist. Während man Kerzen und Decke vielleicht im Haus hat, wird es mit dem heißen Tee oder einer warmen Mahlzeit schon schwieriger, wenn in der heimischen Küche ein Elektroherd steht, der nicht genutzt werden kann.

Dass dieses Szenario gerade im Winter schnell Wirklichkeit werden kann, zeigt sich seit mehreren Jahren regelmäßig Mitte Januar. Schon 2018 schrammte Frankreich, wie auch in den Jahren zuvor, knapp an einem Blackout vorbei. Die Katastrophe konnte nur vermieden werden, weil der Netzbetreiber RTE die industriellen Großverbraucher im Land dazu aufgefordert hatte, ihren Verbrauch sofort um mehr als 1500 Megawatt zu senken, um die Netzfrequenz zu erhöhen.

Dieses Problem ist jedoch leider kein rein französisches Problem. Gehen in Frankreich die Lichter aus, droht dem gesamten europäischen Netz der Kollaps. Nicht zuletzt deshalb waren Uralt-Meiler wie Fessenheim noch bis 2020 am Netz, obwohl die endgültige Abschaltung bereits achtmal angekündigt war. Erst bei Nummer 9 im Sommer 2020 war dann endgültig Schluss. Hinzu kommt der geplante Kohleausstieg und seit 2022 die, in Folge des Überfalls Russlands auf die Ukraine, entstandene Problematik mit der Gasversorgung. Und ob die Linz AG aus Österreich, die im Geschäftsjahr 2017/18 an exakt 100 Tagen einspringen und die Gasturbinen anwerfen musste, um die Netzstabilität in Europa aufrechtzuerhalten, dann immer noch Retter in der Not sein kann, ist fraglich. Auf deren Webseite ist nämlich zu lesen: »Sollte nach einem Blackout im österreichischen Übertragungsnetz im Linzer Raum für längere Zeit keine Spannung verfügbar sein, wird entsprechend dem Netzwiederaufbauplan mit der Bildung einer Versorgungsinsel in Linz begonnen.« Die Stromversorgung wird also zunächst regional begrenzt wiederhergestellt.

Dass derartige Szenarien immer wahrscheinlicher werden, zeigte sich im Januar 2023. Ganz Pakistan war für 24 Stunden ohne Strom. Und das schon zum zweiten Mal innerhalb von drei Monaten. Das Hochfahren der Stromversorgung war nicht einfach, und die einzelnen Landesteile und Bezirke gingen erst nach und nach wieder ans Netz. Pakistan ist weit weg? Und hat nicht den Standard wie Europa? Nun gut, gehen wir nach Südtirol und Österreich. Dort fiel Anfang 2023 wegen starkem Schneefall der Strom in einigen Gemeinden komplett aus. Zeitweise waren mehrere 1000 Haushalte mehrere Stunden ohne Strom. Die Ausfälle zogen sich über mehrere Tage hin. Und das auch nicht zum ersten Mal. Ähnliches passierte schon in den Jahren zuvor.

Und auch in Deutschland kommt es immer wieder zu Stromausfällen. Zum Glück sind sie jedoch meist nicht von allzu langer Dauer und regional begrenzt – noch.
Was aber tun, wenn es wirklich dunkel und kalt wird in der Wohnung? Wie den Tee, den Kaffee oder warmes Essen zubereiten? Mit einem tragbaren Campingkocher und einem Vorrat an Gaskartuschen oder -flaschen ist man für ein paar Tage ohne Strom gut gewappnet. Das hat vor allem den Vorteil, dass Kartuschen nicht allzu teuer und nahezu überall erhältlich sind. Doch was ist denn beim Kauf eines Gaskochers zu beachten? Wie viel Gas darf ich eigentlich zu Hause lagern und wo? Und welche Lebensmittel sollte ich für den Notfall bevorraten? Und wie viel davon?

Eine Menge Fragen, die ich in meinem *Blackout-Kochbuch* zu klären versuche. Neben den Grundlagen wie den Informationen zu verschiedenen Kochern und ihren Einsatzmöglichkeiten aber auch Gefahren, den Vorschriften für die Lagerung von Gas, und natürlich den lebenswichtigen Themen Essen und Trinken, habe ich 22 Rezepte mit zusätzlichen Variationsmöglichkeiten zusammengestellt, die die Zutaten aus dem Notfallvorrat beinhalten.

Damit möchte ich eine Entscheidungshilfe geben, mit der sich jeder für den passenden Kocher, die entsprechende Energiequelle und die richtigen Lebensmittel für sich und seine Familie entscheiden kann. Denn egal, wie man sich vorbereitet: Hauptsache man ist für den Notfall gerüstet.

ALNATURA
GEHACKTE TOMATEN

GIMEG

03 GRUND-LAGEN

zur Bevorratung von Wasser und Lebensmitteln, zu Kochmöglichkeiten und zur Lagerung von Brennstoffen

Ohne Lebensmittel, die man eingelagert hat, geht es nicht. Doch es nicht damit getan, ein oder zwei Päckchen Nudeln, Reis, Tomatensoßen oder Thunfischkonserven mehr zu kaufen, als man üblicherweise im Haushalt lagert. Will man für eine gewisse Zeit Nahrung bevorraten, sollte man nicht nur einen geeignete Auswahl treffen, die einem schmeckt, sondern den Vorrat auch passend zueinander abstimmen. Denn es hilft nicht viel, wenn man nach ein paar Tagen noch drei Dosen Sauerkraut und zwei Tüten Reis hat und man ratlos überlegt, was man damit nun zubereiten könnte. Klar, beides kann man auch ohne weitere Zutaten verspeisen, aber was macht man, wenn man zwar jede Menge Tomaten in Dosen oder Nudelsoßen hat, aber nichts, was man dazu essen kann? Außerdem sollte man das Wichtigste nicht vergessen, nämlich das, was der Mensch zum Überleben noch dringender benötigt als Nahrung: Wasser.

Also muss ein Plan her. Eine grobe Vorgabe, was man daheim haben sollte, gibt das Bundesamt für Bevölkerungsschutz und Katastrophenhilfe (BBK). Mit den Empfehlungen hat man schon mal einen Leitfaden für Wasser und Lebensmittel. Doch auch die allein machen noch keine gute Notfallvorsorge aus. Schließlich will man die Dinge ja nicht einfach kalt essen, und manche Lebensmittel eignen sich dafür auch gar nicht unbedingt. Also muss eine Kochmöglichkeit her, die ohne Strom auskommt. Und der Brennstoff dazu darf ebenfalls nicht fehlen, denn sonst bleibt die Küche trotz Kocher kalt. Sehen wir uns das also alles etwas genauer an und klären, was man für einen guten Notvorrat braucht.

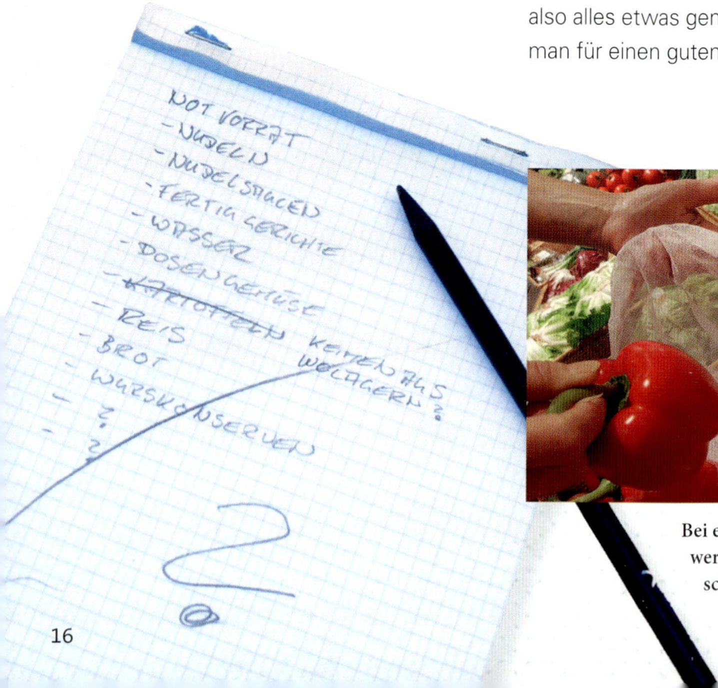

Bei einem längeren Stromausfall werden frische Lebensmittel schnell zur Mangelware.

Empfehlungen des Bundesamts für Bevölkerungsschutz und Katastrophenhilfe (BBK)

Getränke

Der Ratgeber für Notfallvorsorge und richtiges Handeln in Notsituationen sieht bei Getränken zwei Liter pro Tag und Person vor. Dabei hat man dem reinen Bedarf eines Erwachsenen von etwa 1,5 Litern pro Person und Tag einen weiteren halben Liter hinzugefügt, um auch Wasser für das Kochen, zum Beispiel von Nudeln, Reis oder Kartoffeln, zur Verfügung zu haben. Selbstverständlich eignen sich zur Bevorratung für den Notfall auch Fruchtsäfte, Softdrinks oder Limonaden, allerdings ist Wasser nicht nur die günstigste Lösung, sondern kann eben auch zum Kochen von Lebensmitteln, Tee oder Kaffee sowie zum Zähneputzen und Waschen verwendet werden.

Lebensmittel

Bei Lebensmitteln unterteilt der Ratgeber für Notfallvorsorge des Bundesamts in verschiedene Lebensmittelgruppen in verschiedenen Mengen (die Mengenangabe bezieht sich auf einen Vorrat für zehn Tage pro Person):

Konservendosen lassen sich dagegen einlagern. Etwas Abwechslung sollte aber sein, sonst wird die Ernährung zu einseitig.

- 3,5 Kilo Getreide, Getreideprodukte, Brot, Kartoffeln, Nudeln und Reis
- 4 Kilo Gemüse und Hülsenfrüchte
- 2,5 Kilo Obst und Nüsse
- 2,6 Kilo Milch und Milchprodukte
- 1,5 Kilo Fisch, Fleisch, Eier oder Volleipulver
- 357 Gramm Fette und Öle
- Sonstiges nach Belieben wie Zucker, Süßstoff, Honig, Marmelade, Schokolade, Jodsalz, Fertiggerichte (Ravioli, getrocknete Tortellini, Fertigsuppen), Kartoffeltrockenprodukte (Kartoffelbrei), Mehl, Instantbrühe, Kakaopulver, Hartkekse oder Salzstangen

Zu einigen Kategorien sind im Ratgeber zusätzlich Bemerkungen zu finden, die ich im Folgenden zitiere:[1]

- Gemüse und Hülsenfrüchte:
  Denken Sie daran, dass Gemüse und Hülsenfrüchte im Glas oder in Dosen bereits gekocht sind und für getrocknete Produkte zusätzlich Wasser benötigt wird.
- Obst und Nüsse:
  Bevorraten Sie Obst in Dosen oder Gläsern und verwenden Sie als Frischobst nur lagerfähiges Obst.
- Fisch, Fleisch, Eier oder Volleipulver:
  Bitte beachten Sie, dass frische Eier nur begrenzt lagerfähig sind, Volleipulver ist hingegen mehrere Jahre haltbar.

1 Quelle: Ratgeber für Notfallvorsorge und richtiges Handeln in Notsituationen – Meine persönliche Checkliste

Industriell in Glasflaschen abgefülltes Wasser ist nahezu unbegrenzt haltbar. In Kanistern gelagertes Wasser sollte mit einem Zusatz haltbar gemacht werden.

Soweit die Tipps und Vorschläge des Bundesamts für Bevölkerungsschutz und Katastrophenhilfe. Doch wie teilt man das nun am besten auf? Wie viel Nudeln, wie viel Reis und wie viele Kartoffeln sollte man denn im Einzelnen in den Notvorrat packen? Was an Obst und was an Fisch oder Fleisch?

Natürlich hängt das auch ein wenig von den persönlichen Vorlieben und Abneigungen für oder gegen verschiedene Lebensmittel ab. Wer zum Beispiel partout keine Kartoffeln mag, wird auch keine bevorraten. Man wird sich seinen persönlichen Notvorrat also selbst individuell zusammenstellen müssen. Versuchen wir dennoch eine recht allgemein gültige Liste der einzelnen Produkte zusammenzustellen. Wer – vielleicht mit kleinen Ausnahmen – so ziemlich alles isst, was auch essbar ist, der sollte damit eine gute Basis haben. Ein wenig anpassen lässt es sich ja immer noch.

Umsetzung in die Praxis. Aufbewahrung und Aufbereitung von Wasser und Trinkwasser

Für die Bevorratung von Wasser empfiehlt sich eine entsprechende Menge Wasserkisten mit Glasflaschen sowie die Lagerung von Leitungswasser in Kanistern. Während das Wasser in den Glasflaschen nahezu unbegrenzt haltbar ist, muss das in Kanistern gelagerte Leitungswasser jedoch haltbar gemacht werden. Hierfür sind im Campingbedarf verschiedene Zusätze, wie zum Beispiel Micropur, erhältlich. Dieses Mittel auf Silberionen-Basis ist in Tablettenform, als Pulver sowie in flüssiger Form erhältlich. Die Anwendung sollte streng nach Vorschrift erfolgen, da sich das Silber im Körper ablagert und in größeren Mengen schädlich ist. Daher ist auch von Silber in fester Form, das zum Beispiel als Drahtkugel oder Netz angeboten wird, genauso abzuraten wie von dem Tipp, einfach einen alten Silberlöffel in den Kanister zu legen. Bei dieser Methode werden zwar auch Silberionen ins Wasser abgegeben, aber eben unkontrolliert. Dadurch kann die Menge schnell zu hoch sein, gerade wenn man das Wasser im Kanister länger lagert. Durch die Verwendung von Micropur wird das Wasser ungefähr sechs Monate haltbar. Man sollte es also regelmäßig austauschen und eine neue Mischung ansetzen.

Eine weitere Möglichkeit besteht darin, das Wasser aus den Kanistern vor der Verwendung zu filtern. In diesem Fall wäre eine Haltbarmachung durch Silberionen nicht unbedingt notwendig. Allerdings sollte man zum Filtern einen Filter verwenden, der auch wirklich alle Schadstoffe herausfiltert. Hierfür sind zum Beispiel Keramikfilter geeignet. Sie filtern zuverlässig Bakterien, Protozoen und andere Krankheitserreger aus dem Wasser. In Kombination mit einem Aktivkohlefilter wird auch eventuell schlechter Geschmack herausgefiltert. Anbieter entsprechender Filter gibt es einige auf dem Markt.

Neben Keramikfiltern eignen sich zum Beispiel auch die sogenannten BeFree-Filter vom Anbieter Katadyn für das keimfreie Filtern von Wasser. Derartige Filter sind aber auch von anderen Herstellern erhältlich. Bei diesen Filtern entfernt ein Hohlfaserfilter mit einer Porengröße von 0,1 Mikron (0,0001 mm) Bakterien, Zysten und Sedimente.

Beide Filtersysteme, die Keramik- und die Hohlfaserfilter, sind in unterschiedlichen Größen und mit unterschiedlichen Kapazitäten erhältlich.

Filter wie dieser verfügen über ein Keramik- und ein Aktivkohle-Filterelement, können aber auch ohne die Aktivkohle betrieben werden.

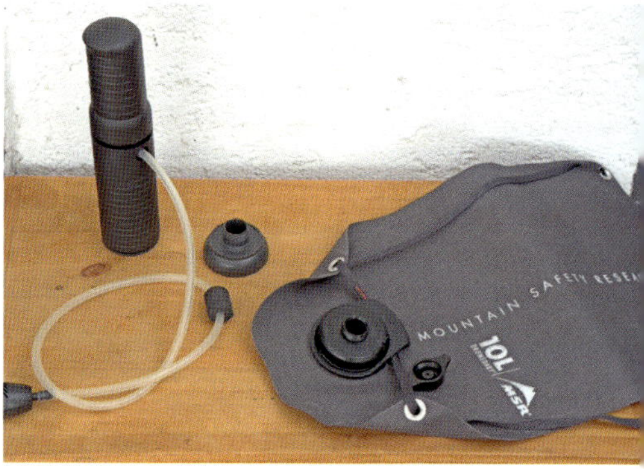

Der Filter kann auf diverse Wassergefäße aufgesetzt werden, um sie direkt mit gefiltertem Wasser zu befüllen.

Der Anschluss schließt jedoch nicht unbedingt dicht ab. Der Dromedary Bag zum Beispiel sollte daher aufrecht gestellt werden.

Umsetzung in die Praxis. Welche Lebensmittel und welche Mengen lassen sich für den Notfall einlagern?

Da die Angaben im Notfallratgeber des BBK recht allgemein gehalten sind und lediglich verschiedene Lebensmittelgruppen und Gewichtsangaben benannt werden, stehen manche dem etwas ratlos gegenüber und fragen sich, wie viel Getreide, Getreideprodukte, Brot, Kartoffeln, Nudeln oder Reis sie denn nun einlagern sollen und in welcher Aufteilung.

Ich habe daher eine Liste zusammengestellt, die das etwas aufteilt. Außerdem habe ich für die verschiedenen Lebensmittel einige Vorschläge zusammengestellt. Sie umfassen frische Lebensmittel wie Kartoffeln und Zwiebeln, trockene Lebensmittel wie Reis oder Nudeln aber auch Gemüse-, Fleisch und Fischkonserven. Welche Hersteller oder Marken dabei gewählt werden,

spielt eine untergeordnete Rolle, das kann jeder für sich entscheiden. Wichtig ist dabei, dass einem die bevorrateten Lebensmittel auch schmecken und lange haltbar sind. Dennoch sollten sie nach einer gewissen Zeit ausgetauscht und erneuert werden. Das bedeutet jedoch nicht, dass man sie wegwirft, sondern sie im Alltag verwendet und isst. Setzt man bei der Auswahl also auf Dinge, die man nicht gern isst und nur für den Notfall angeschafft hat, ist die Gefahr groß, dass man sie eben nicht verzehrt – im Zweifelsfall so lang, bis sie dann ungenießbar sind und entsorgt werden müssen. In jedem Falle wird bei manchen Produkten aber der Geschmack schlechter, je länger man sie aufhebt. Und damit schmecken sie nun mal nicht mehr so gut. Es gilt also auch ein wenig auszuprobieren, ob einem die Wurstkonserve oder die Gulaschsuppe von diesem Anbieter besser schmeckt als von jenem.

Ich habe der Liste ein Feld für eigenen Notizen angefügt. Hier kann jeder eintragen, was er ergänzen oder welche Produkte er kaufen möchte. Die Mengen sind einmal für die

Lebensmittel lassen sich zum Beispiel in Euroboxen lagern.

Vakuumierte Lebensmittel halten länger.

NRG-5-Riegel sind gut als letzte Ration geeignet.

vom BBK vorgeschlagenen 14 Tage angegeben und einmal auf 21 Tage hochgerechnet, damit sie auch besser zu den von mir vorgeschlagenen 22 Gerichten passen.

Wer zum Beispiel keinen Fisch isst, schlägt die angegebenen Mengen den Wurst- oder Fleischkonserven zu. Vegetarier oder Veganer sollten unbedingt klären, durch welche Lebensmittel sie Fleisch und Fisch ersetzen können, damit sie auch im Notfall ausreichend mit allen Nährstoffen versorgt werden. Da ich zwar durchaus auch vegetarisch oder vegan esse, mich aber nicht ausschließlich auf diese Arten ernähre, gebe ich hier keine Tipps oder Vorschläge.

Notvorratsliste

Vorschlag Notvorratsliste Lebensmittel (für 2 Personen für 14 Tage)	**Vom BKK empfohlene Menge** umgerechnet auf 14 Tage/2 Personen in Kilo	**Vorgeschlagene Menge** in Kilo für 14 Tage	**Vorgeschlagene Menge** in Kilo für 21 Tage
		Gesamtmenge in **fett** – die vorgeschlagene Gesamtmenge übersteigt den BKK-Vorschlag teilweise	
Getreide, Getreideprodukte, Brot, Kartoffeln, Nudeln und Reis	**9,8**	**11,5**	**17,3**
Getreide, Getreideprodukte 6,0		4,0	6,0
Brot		1,0	1,5
Kartoffeln		2,0	3,0
Nudeln		2,0	3,0
Mais		0,5	0,8
Reis		1,0	1,5
Couscous		1,0	1,5
Gemüse und Hülsenfrüchte	**11,2**	**13,0**	**19,5**
Gemüse in Dosen oder Gläsern		4,0	6,0
Tomatenmark und passierte Tomaten		1,0	1,5
Sauerkonserven		2,0	3,0
Hülsenfrüchte		4,0	6,0
Zwiebeln		2,0	3,0
Obst und Nüsse	**7**	**7,5**	**11,3**
Äpfel		3,0	4,5

Vorschläge & Bemerkungen	Eigene Notizen
Körner oder gemahlenes Mehl	
Brot in Dosen ist lange haltbar, auch Knäckebrot ist ungeöffnet bis zu 60 Tage haltbar und kann danach mit Geschmackseinbußen immer noch verzehrt werden.	
Als Frischware kühl und dunkel lagern oder als Kartoffeln im Glas bevorraten. Kartoffelpüreepulver ist vielseitig einsetzbar.	
Instant-Nudeln sind schneller gar. Lässt man Nudeln garziehen, eignen sich auch normale Trockennudeln.	
Dosenmais (Mais ist in der Tat ein Getreide und kein Gemüse, auch wenn die Dosen im Supermarkt bei den Gemüsedosen zu finden sind).	
Keinen ungeschälten oder Wildreis, da er zu lange kochen muss.	
Couscous muss nur in heißem Wasser ziehen, nicht länger kochen. Er kann aber auch problemlos mit kaltem Wasser zubereitet werden.	
Karotten, Erbsen und Karotten, Spargel, Schwarzwurzel, Tomaten, Sauerkraut	
Tomatenmark enthält eine deutlich höhere Konzentration an Vitamin C als frische Tomaten und gehört schon alle deshalb mit in den Notvorrat. Tomatenmark aus der Tube lässt sich besser dosieren, Reste lassen sich problemloser aufbewahren als bei Tomatenmark aus der Dose.	
Gurken, Silberzwiebeln, Paprika und auch Sauerkraut, das ebenfalls eine hohe Konzentration an Vitamin C aufweist.	
Bohnen, Grüne- oder Brechbohnen, Erbsen, Kichererbsen und Linsen in Dosen. Trockenware ist ebenfalls möglich, muss aber in der Regel lange kochen (Ausnahme rote und gelbe Linsen) und verbraucht Ernergie und Wasser.	
Zwiebeln können – möglichst kühl und dunkel – gut und über einen längeren Zeitraum eingelagert werden.	
Äpfel können – möglichst kühl und dunkel – gut und über einen längeren Zeitraum eingelagert werden.	

Notvorratsliste

Vorschlag Notvorratsliste Lebensmittel (für 2 Personen für 14 Tage)	**Vom BKK empfohlene Menge** umgerechnet auf 14 Tage/2 Personen in Kilo	**Vorgeschlagene Menge** in Kilo für 14 Tage	**Vorgeschlagene Menge** in Kilo für 21 Tage
Trockenfrüchte		2,0	3,0
Dosenfrüchte		1,5	2,3
Nüsse		1,0	1,5
Milch und Milchprodukte	**7,3**	**7,0**	**10,5**
H-Milch		5,0	7,5
Milchpulver		1,0	1,5
H-Sahne		0,5	0,8
Käse		0,5	0,8
Fisch, Fleisch, Eier oder Volleipulver	**4,2**	**4,6**	**6,8**
Fischkonserven		0,5	0,8
Fleischkonserven		3,0	4,5
Eier		0,6	0,8
Volleipulver		0,5	0,8
Fette und Öle	**1,05**	**1,3**	**1,9**
Speiseöl		1,0	1,5
Butterschmalz		0,3	0,4
Sonstiges nach Belieben	**k. A.**		
Marmelade		2 Gläser	3 Gläser
Honig		2 Gläser	3 Gläser
Zucker		1 kg	1,5 kg
Schokolade		4 bis 5 Tafeln	6 bis 7 Tafeln
Fertiggerichte		4 bis 5 Gerichte	6 bis 7 Gerichte
NRG-5-Notration		500 g bis 1 kg	1 bis 1,5 kg

Vorschläge & Bemerkungen	**Eigene Notizen**
Äpfel, Aprikosen, Rosinen, Bananenchips	
Dosenfrüchte sind (leider) stark chemisch behandelt und beinhalten keinerlei Vitamine mehr. Sie eignen sich daher lediglich zum Sattmachen.	
Vorsicht: Nüsse schmecken nach einer Zeit ranzig. Sie sollten daher regelmäßig ausgetauscht werden. Salzige Nüsse halten zwar länger, verursachen aber auch Durst.	
H-Milch ist über einen langen Zeitraum ohne Kühlung lagerfähig.	
Milchpulver kann mit Wasser angerührt werden. Den zusätzlichen Wasserbedarf anpassen.	
H-Sahne ist ebenfalls problemlos lange haltbar.	
Schmelzkäse hat durch seinen Herstellungsprozess eine sehr lange Haltbarkeitsdauer. Hebt man ihn im Kühlschrank auf, verlängert sich die Haltbarkeit zusätzlich	
Thunfisch, Sardinen, Makrelen in Dosen (im eigenen Saft, Öl oder diversen Soßen)	
Würstchen im Glas oder der Dose, Dosenstreichwurst, Gulasch in Dosen	
10 bis 12 Stück. Ein Ei mittler Größe wiegt zwischen 53 und 60 Gramm.	
Eipulver ist bei entsprechender Lagerung zwischen 5 und 10 Jahre haltbar.	
Olivenöl, Rapsöl und Sesamöl sind ungeöffnet bei entsprechender Lagerung bis zu 24 Monate haltbar, andere Öle etwa 1 bis 1,5 Jahre, Leinöl, Walnussöl und Distelöl nur zwischen 4 und 9 Monaten.	
Butterschmalz ist (gut verschlossen) auch ohne Kühlung bis zu 9 Monate haltbar, mit Kühlung bis zu 15 Monate.	
Honig ist nach Abfüllung 2 bis 3 Jahre haltbar und kann außerdem zum Süßen verwendet werden.	
Zum Süßen von Tee oder Kaffee und als Kalorienlieferant.	
Macht in deprimierenden Momenten (ein wenig) glücklich.	
Fertigsuppen in Dosen oder als Tütensuppe.	
Als letzte »Patrone«.	

GEMELLI N°90
Heimatsmühle
SEIT 1808
Weizenmehl
Unser Bestes
natürlich WALTER MÜHLE
Type 1050
Goldähren
DOSEN
Mestemacher
WESTFÄLISCHER
ca. 13 Scheiben*
150 Jahre 1871-2021

Aufbewahrung der Lebensmittel

Lebensmittel für den Notfall sollten unbedingt trocken, dunkel, sauber und nicht zu warm gelagert werden. Ein feuchter Keller oder ein im Sommer heißer Dachboden eignen sich daher schlecht für die Aufbewahrung. Außerdem empfiehlt es sich, die Lebensmittel in geeigneten Kisten aufzubewahren. Hierfür eignen sich zum Beispiel Euroboxen aus Kunststoff. Sie sind in mehreren Größen und auch mit Deckel erhältlich. Aber natürlich können auch andere Behältnisse verwendet werden. Wichtig dabei ist, dass sie möglichst stabil sind und die Lebensmittel vor Ungeziefer wie Insekten oder Mäusen und anderen Schädlingen schützen.

Gerade für Mehl, Reis oder Nudeln bietet es sich außerdem an, sie zu vakuumieren. Dadurch werden sie gleichzeitig länger haltbar, da kein Sauerstoff mehr an sie herankommt. Günstige Vakuumiergeräte sind schon für unter 100 Euro zu haben, gibt man etwas mehr aus, bekommt man Geräte, die auch festere Beutel verschweißen können und das Vakuum auch über längere Zeit erhalten bleibt. Schneidet man einmal verwendete Beutel sauber auf, lassen Sie sich auch durchaus ein zweites Mal verwenden.

Mehl lässt sich meist sehr viel länger aufbewahren als auf dem Mindesthaltbarkeitsdatum angegeben. Dazu ist es allerdings wichtig, es vor Ungeziefer wie etwa Motten zu schützen. Eine Möglichkeit besteht darin, es in einem fest verschlossenen Gefäß aufzubewahren. Die bessere Methode ist, es mit einem Vakuumierer einzuschweißen.

Fast alle Lebensmittel sind bis weit über das aufgedruckte Datum hinaus genießbar. Denn der Aufdruck besagt: Mindestens haltbar bis …

Diese Dose mit Mindesthaltbarkeitsdatum 2018 ist jedoch etwas aufgebläht. Daher wird sie vorsichtig geöffnet.

Haltbarkeit von Lebensmitteln

In Deutschland ist es seit Dezember 1981 vorgeschrieben, auf Lebensmitteln ein Mindesthaltbarkeitsdatum anzugeben. Festgelegt ist das in der Lebensmittel-Kennzeichnungsverordnung (LMKV). Davor wurden viele Lebensmittel nicht oder nur verschlüsselt gekennzeichnet. Unsere Groß- und Urgroßeltern haben also noch nach Aussehen und eventuell Geschmack getestet, ob zum Beispiel eine Konserve noch genießbar war. War der Deckel der Dose nach oben gewölbt? Sah der Inhalt seltsam aus, hat er eventuell schlecht gerochen oder gar geschmeckt? Damals galt es noch selbst einzuschätzen, ob eine Ware noch genießbar war oder nicht.
Diese Entscheidung treffen heute viele nach dem aufgedrucktem Datum. Mindesthaltbarkeitsdatum überschritten? Ab in die Tonne! Hierzu gibt es nicht nur Studien, es gibt auch berechtigte Kritik und sogar die Forderung, das Datum auf den Verpackungen der Lebensmittel wieder abzuschaffen. Das ist nicht ganz unberechtigt, denn vieles, was eigentlich noch gut und genießbar wäre, landet deswegen im Müll. Denn schließlich gilt: Es heißt »Mindestens haltbar bis« und nicht »Absolut tödlich ab«. Die meisten Lebensmittel sind nämlich weitaus länger haltbar, als es das Mindesthaltbarkeitsdatum manchen glauben macht. Daher sollte man es eher halten wie unsere Vorfahren, die auch ohne Aufdruck auf Dosen, Gläsern und Packungen problemlos überlebt haben. Aussehen, Geruch und Geschmack sind nämlich die besseren Ratgeber.

Dabei hat es kräftig gespritzt. Anschließend wird eine Geruchsprobe durchgeführt. Riecht es komisch, die Dose entsorgen.

Riecht es nicht auffällig, probiert man vorsichtig, ob der Inhalt seltsam schmeckt. Wenn nicht, sollte er noch essbar sein.

Frische Kräuter lassen sich auch auf dem Balkon oder an der Fensterbank unterbringen.

Anbau von Lebensmitteln in Garten und auf Balkon

In der sogenannten Prepperszene schwören manche auf den Eigenanbau von Gemüse und Obst. Diese Idee ist grundsätzlich nicht schlecht, man sollte dabei jedoch ein paar Dinge bedenken, die das Ganze erschweren können.

Zunächst einmal muss ausreichend Platz vorhanden sein. Selbst nur ein paar Töpfe mit Tomatenpflanzen und ein paar Pflanzgefäße mit Kartoffeln benötigen eine gewisse Fläche. Und sie benötigen Zeit. Samen in die Erde stecken und direkt ernten ist nicht. Kartoffeln zum Beispiel benötigen nach dem Setzen – je nach Sorte – zwischen 100 und 160 Tagen, bis sie geerntet werden können. Hinzu kommen die Jahreszeiten, in denen man die Früchte ernten kann. So sind Freilandtomaten – je nach Wetter – zwischen Juli und Oktober reif. Fällt der Strom jedoch im Januar oder Februar aus, hilft einem der eigene Anbau nur weiter, wenn man während der Erntezeit fleißig eingekocht und eingelegt hat.

Die eigene Ernte kann den Notvorrat ergänzen.

Hinzu kommen Pflanzenkrankheiten, Schädlinge und Missernten. So grün der eigene Daumen auch sein mag, sie können jede Bemühung schnell zunichtemachen.

Der wichtigste Punkt, den man beachten sollte, ist jedoch ein anderer: Pflanzen

Allerdings ist man nicht vor Missernten oder Schädlingen gefeit. Man sollte also nicht nur auf den Anbau von Gemüse setzen.

benötigen Wasser. Wasser, das man im Notfall vielleicht nicht unbegrenzt zur Verfügung hat. Bei knappen Vorräten wird man sich also überlegen müssen, ob man damit die Pflanzen gießt oder es lieber selbst trinkt.

Als Fazit bleibt festzuhalten, dass ein eigener Gemüsegarten oder ein paar Töpfe auf dem eigenen Balkon zwar eine tolle Sache sind, ein zuverlässiger Notvorrat ist damit jedoch nicht geschaffen. Als zusätzliche Lebensmittelquelle, gerade für frische Sachen, ergänzen sie den Notvorrat sehr gut.

Will man zur Notvorsorge Tiere halten, benötigt man Platz, Wasser und Futter.

Tierhaltung für den Notfall

Auf dem Kanal eines Krisenvorsorge-*YouTubers* habe ich vor einer ganzen Weile ein Video entdeckt, in dem er seinen Kaninchenkäfig mit einem einzelnen Karnickel darin vorstellte. Das Tier – so seine Idee – wollte er dann im Notfall schlachten und essen. Nun: Ich hoffe er weiß, was er da tut und wie er es tun muss. Dem portugiesischen Arbeiter, der uns, während eines Portugal-Urlaubs, stolz sein Heim zeigte und uns als Geschenk neben Eiern der eigenen Hühner, Orangen, einem riesigen Bund Petersilie und einer ganzen Tüte voll frischer Feigen auch eines der jungen Kaninchen aus seinem Stall im Innenhof schenken wollte, traue ich durchaus zu, dass er weiß, wie man so ein Tier tötet, ihm das Fell abzieht und es fachgerecht ausnimmt. Wir haben allerdings dankend abgelehnt. Wo hätten wir das Tier in unserem Campervan auch unterbringen sollen? Und auch bei dem deutschen Landwirt, bei dem wir eine Weile unser frisch geschlachtetes Schweinefleisch gekauft haben, haben wir zusätzlich den einen oder anderen küchenfertigen Hasen erstanden.

Ob sich die Idee der Tierhaltung für Bewohner einer Mietwohnung oder der Besitzer eines Eigenheims jedoch als Notvorsorge eignet, wage ich stark zu bezweifeln. Auf derartige Ideen sollte man nur kommen, wenn man schon selbst Tiere geschlachtet hat. Da empfiehlt es sich, eher Forellen statt Kois oder Goldfische in den Gartenteich zu setzen. Aber auch da sollte man wissen, wie man sie tötet, ausnimmt und vorbereitet.

Etwas weniger problematisch ist die Haltung von Hühnern – sofern man den Platz dafür hat. Und zwar für Hühnerhaus und Auslauf. Als Lieferant von frischen Eiern versorgen sie nicht nur die eigenen Küche, sondern liefern auch noch Tauschobjekte. Allerdings benötigen auch sie Wasser und Futter. Sie finden in ihrem Gehege zwar sicher den einen oder anderen Wurm und dezimieren die Zeckenpopulation, aber das reicht nicht aus. Man sollte also auch an den ausreichenden Vorrat an Futter und Wasser für die Tiere denken.

Bei allem, was größer ist als ein Huhn, gilt: Das ist nur etwas für Menschen mit entsprechendem Grundstück, Stallungen und fundierten Kenntnissen in der Tierhaltung.

Fällt der Strom aus, ist das Kochen mit Gas eine gute Alternative.

Garmöglichkeiten

Kochen mit Gas

Gaskocher

Was für den Camper beim Kochen im Reisemobil normal ist, dürfte sich für Nichtcamper vielleicht schwierig gestalten: der Umgang mit dem Gaskocher. Doch gerade ein Camping-Gaskocher ist eine gute Alternative, wenn der Strom weg ist. Schließlich lässt sich damit ganz unabhängig von Elektrizität kochen. Man benötigt nur den Kocher und einen ausreichenden Vorrat an Gas. Das Angebot an Camping-Gaskochern ist groß. Es reicht vom einfachen Einflamm-Kartuschenkocher, wie ihn viele Lkw-Fahrer an Bord haben, bis hin zum teuren Profi-Zweiflamm-Gaskocher.

Doch welchen Gaskocher kauft man für den Notfall? Und wie funktioniert das mit dem Gas eigentlich? Ist es in den eigenen vier Wänden nicht gefährlich, mit so einem Kocher zu kochen?

Fangen wir also mit dem Gaskocher an. Für den Einbau in Wohnmobilen und Campern gibt es hier eine Richtlinie. Ein Gaskocher für den Innenraum muss über eine sogenannte Zündsicherung verfügen. Das bedeutet, dass die Gaszufuhr automatisch unterbrochen werden muss, wenn die Flamme ausgeht. Wäre dies nicht der Fall, würde weiter Gas strömen und sich am Boden des Fahrzeugs sammeln. Stellt man dann nach einigen Minuten fest, dass

Für die Verwendung in Innenräumen sollte der Gaskocher über eine Zündsicherung (rechtes Bild) verfügen.

die Flamme ausgegangen ist und zündet sie wieder an, kann sich das am Boden befindliche Gas entzünden. Im schlimmsten Falle kommt es dann zu einer Explosion. Dass die Flamme beim Kochen ausgeht, kann zum Beispiel durch einen Luftzug oder überkochendes Wasser verursacht werden. Diese Zündsicherung ist auch bei allen Gasherden, die in Küchen eingebaut werden, vorgeschrieben. Camping-Gaskocher ohne Zündsicherung dürfen nur im Freien verwendet werden. Eine Zündsicherung erkennt man in der Regel an einem nach oben zeigendem Stift direkt neben dem Brenner. Will man einen Notfall-Gaskocher also im Haus oder der Wohnung betreiben, sollte man unbedingt einen Kocher mit Zündsicherung wählen. Abgesehen davon sollte man beim Kochen mit Gas immer ein Fenster öffnen oder anderweitig für Zu- und Abluft sorgen.

Der nächste Punkt betrifft die Frage, woher das Gas zum Kochen kommt. Im Wesentlichen gibt es dafür drei Möglichkeiten. Die günstigsten Gaskocher, die ohne Zündsicherung, sind schon für unter 20 Euro zu bekommen. Sie werden mit sogenannten MSF-1a-Gaskartuschen betrieben. Da dieser Kochertyp sehr beliebt und weit verbreitet ist, sind sie nahezu überall zu bekommen. Man kann sie sowohl im Camping-Zubehörhandel als auch an nahezu jedem Truck-Stop und natürlich im Internet kaufen. Beim Kochen mit diesem Kochertyp sollte man allerdings beachten, dass die verwendeten Töpfe oder Pfannen nicht zu groß sein dürfen, da sich sonst Hitze staut, was die seitlich liegende Gaskartusche im schlimmsten Fall zur Explosion bringen kann. Die maximale Topfgröße sollte daher bei etwa 20 Zentimeter liegen.

Andere Gaskocher benötigen Schraubkartuschen mit EN417-Gewinde oder Ventilkartuschen mit Bajonettverschluss beziehungsweise Easy-Click-Verschluss. Kartuschen mit diesem Verschluss lassen sich mit einem Adapter auch an Kochern mit Schraubkartuschenanschluss verwenden. Diese Kartuschen sind in zwei Größen erhältlich. Die kleineren sind, je nach Hersteller, mit 220 bis 230 Gramm befüllt, die größeren mit 400 bis 500 Gramm. Die kleineren Kartuschen eignen sich vor allem für Ausflüge, bei denen es auf möglichst wenig Gewicht ankommt. Für den Notfall sollte man eher auf die größeren Kartuschen zurückgreifen.

Noch mehr Vorrat hat man mit Gasflaschen. Üblich sind die grauen oder roten Fünf- oder Elf-Kilo-Flaschen, wie man sie auch für den Gasgrill auf Terrasse und Balkon oder für Heizpilze benötigt.

Die kleinen Stechkartuschen, wie man sie von den Camping Ausflügen als Jugendlicher kennt, werden nur für kleine Kocher verwendet, die für das ernsthafte Kochen im Notfall eher ungeeignet sind. Speziell für Kocher in der Marke Campinggaz gibt es noch blaue Gasflaschen mit 1,8 und 2,75 Kilo.

Lagern von Gas

Während der Kauf und die Aufbewahrung eines Gaskochers völlig unproblematisch ist, stellt einen die Lagerung von Gas vor gewisse Probleme. Denn zum einen ist die Menge, die als Privatperson gelagert werden darf, limitiert, zum anderen dürfen Gasflaschen und -kartuschen nicht überall im Haus gelagert werden. Festgelegt ist das in der Technischen Regel Flüssiggas, DVFG-TRF 2021, herausgegeben vom Deutschen Verband Flüssiggas. Außerdem hat die Feuerwehr verschiedene Hinweise zur Lagerung von Gas in Privaträumen zusammengefasst.

Das zum Kochen verwendete Gas ist schwerer als Luft. Tritt es unbemerkt aus, sammelt es sich an der tiefsten Stelle im Raum an und verflüchtigt sich kaum. Um es explosionsartig zur Zündung zu bringen, reicht leider schon das einfache Betätigen des Lichtschalters. Daher darf Gas auch nicht im Keller gelagert werden. Nein: Im Deutsch der Vorschrift heißt es dazu: *Der Lagerungsort muss oberhalb der Erdgleiche liegen und belüftet sein.*[2] Doch auch oberhalb des Erdgeschosses darf Gas nicht überall gelagert werden. Schlafräume, Treppenhäuser, Flure und Durchgänge sind zur Lagerung ebenfalls nicht erlaubt. Geeignete Orte sind laut der Verordnung gut belüftete Gartenhäuser oder Garagen. Auch die Lagerung auf dem Balkon ist grundsätzlich möglich, dabei sollten die Gasflaschen jedoch unbedingt vor Sonneneinstrahlung geschützt sein.

Zur Menge, die gelagert werden darf, legt die Technische Regel Flüssiggas (TRF) fest:

In Räumen darf maximal eine Flüssiggasflasche (Flaschengröße fünf oder 11 Kilo) betrieben werden. Zusätzlich darf maximal eine weitere Flasche (Flaschengröße fünf oder 11 Kilo) in einem anderen Raum (der Wohnung) gelagert werden, wobei Schlafräume und Keller tabu sind.
Bei der Lagerung im Freien (unbegrenzter Luftaustausch) gibt es im privaten Anwendungsbereich keine formell festgelegte Grenze. Wir empfehlen, nur die erforderliche Anzahl an Ersatzflaschen vorrätig zu halten, also beispielsweise eine Ersatzflasche je betriebenes Gerät. Zudem müssen die Flaschen vor unbefugtem Zugriff (Diebstahl) geschützt gelagert werden.[3]

---

2 Quelle: www.dvfg.de/fluessiggas-in-der-freizeit/grillen-mit-gas/gasflaschen-richtig-lagern

3 Quelle: www.dvfg.de/fluessiggas-in-der-freizeit/grillen-mit-gas/gasflaschen-richtig-lagern

Laut Vorschrift dürfen nur zwei Gasbehälter gelagert werden – egal wie groß.

Doch was gilt für die Lagerung der kleineren Gaskartuschen? Auch das ist natürlich geregelt, und zwar im Arbeitsblatt G 612 (A) des Deutschen Vereins des Gas- und Wasserfaches (DVGW). Und das besagt, dass zu Hause maximal zwei Kartuschen gelagert werden dürfen – inklusive der leeren Kartuschen. Im Übrigen gelten für die Lagerung die gleichen Vorschriften wie für die großen Gasflaschen.

Beide, Kartuschen wie Gasflaschen, dürfen nur aufrechtstehend gelagert werden.

Die Feuerwehr gibt überdies folgende Hinweise:

- *Gasflasche vor direkter Sonneneinstrahlung schützen*
- *Gasflasche unmittelbar nach dem Gebrauch abdrehen!*
- *Gasflaschen* ***nur*** *im Freien lagern*
- *Gasflaschen* ***niemals*** *in Kellerräumen, Garagen, Abstellkammern oder anderen geschlossenen Räumen lagern*
- *Gasflaschen von Zeit zu Zeit auf Dichtheit kontrollieren*[4]

Ganz so einfach ist es mit der Lagerung von Gas also nicht. Da man mit den Fünf- beziehungsweise Elf-Kilo-Flaschen eine größere Menge lagern kann, empfehlen sich augenscheinlich Kocher, die mit diesen Gasbehältern betrieben werden. Doch sind die in der Regel teurer als die günstigen Kocher für die MSF-1a-Gaskartuschen-1a-Gaskartuschen oder verschiedene Kocher, die mit Schraubkartuschen betrieben werden.

Will man sich einen Gaskocher also lediglich für den Notfall anschaffen, stellt sich schnell die Frage: Was tun? Eine wirkliche Empfehlung kann und werde ich an dieser Stelle nicht geben. Denn hier spielen sowohl der eigene Geldbeutel als auch die Möglichkeiten im eigenen Heim eine große Rolle.
Und natürlich kann man sich über die verschiedenen Regelungen hinwegsetzen. Aus Gründen der Sicherheit ist dies allerdings nicht empfehlenswert.

Kochen mit dem Gaskocher

Gaskocher für MSF-1a-Gaskartuschen

Die Kartuschen werden seitlich in den Kocher eingelegt, nachdem man die Abdeckung hochgeklappt hat. Dabei ist darauf zu achten, dass die Nut am Kartuschenkopf oben liegt und der Spannhebel sauber einrasten kann. Anschließend drückt man den Spannmechanismus vorn am Kocher nach unten. Das funktioniert nur, wenn das Blech, auf dem der Topf steht, vorher gedreht wurde und die Topfhalterung nach oben zeigt. Liegt das Blech im Transportmodus, sorgt ein Sicherungshaken dafür, dass die Kartusche nicht einrasten kann. Um den Kocher zu starten,

4 Quelle: http://fw-kirchheim.de/buergerinformationen/brandschutzinformationen/hinweise-zur-lagerung-von-gasflaschen/

Diese Art Gaskocher wird mit MSF-1a-Gaskartuschen betrieben.

Kartusche seitlich, mit der Aussparung nach oben, einlegen

Anschließend den Spannhebel nach unten drücken.

Nun kann der Deckel geschlossen werden.

Zum Starten des Kochers wird der Regler aufgedreht und ...

... gegen den Widerstand gedrückt, um die Piezo-Zündung zu aktivieren.

Anschließend kann die Stärke der Flamme über den Regler eingestellt werden.

wird der Regler ganz aufgedreht und gegen einen leichten Widerstand weitergedreht, was die Piezo-Zündung auslöst. Anschließend kann das Gas auf die benötigte Stärke heruntergedreht werden.

Gaskocher für Schraubkartuschen

Bei diesen Kochern befindet sich am Kocher ein Gasschlauch mit einem Schraubgewinde am Ende. Die Kartusche wird einfach aufgeschraubt – fertig. Dabei – und auch beim Abschrauben – kann es kurz nach Gas riechen. Ist die Kartusche noch nicht komplett aufgeschraubt, können geringe Menge entweichen. Daher sollte man sie zügig auf- und abschrauben.

Verfügen die Kocher über eine Piezo-Zündung, wird das Gas aufgedreht und der Schalter für die Zündung gedrückt. Das muss unter Umständen ein- bis zweimal wiederholt werden, wenn das Gas nicht

Andere Kochermodelle werden mit Schraubkartuschen betrieben.

Diese Kartuschen sind in verschiedenen Größen erhältlich.

gleich zündet. Ist obendrein eine Zündsicherung vorhanden, muss in der Regel für einen Moment auf den Drehregler gedrückt werden, da sonst die Flamme direkt wieder ausgeht. Sobald der Stift der Zündsicherung warm geworden ist, bleibt die Flamme an.

Die Marke Campingaz setzt bei manchen ihrer Modelle auf einen Bajonettverschluss. Für diese Kartuschen ist ein Adapter mit Schraubanschluss erhältlich.

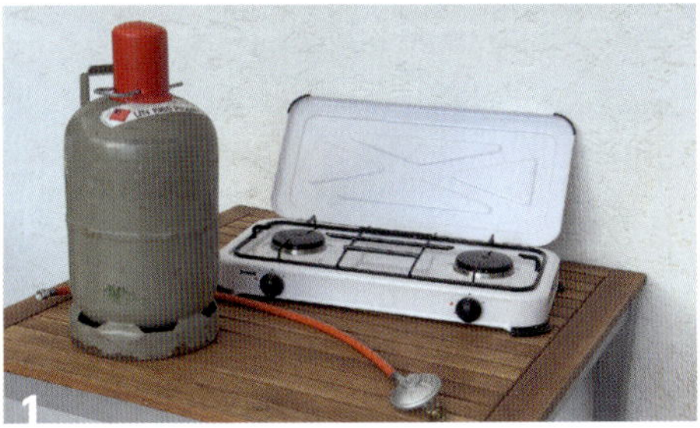

Die dritte Möglichkeit sind Kocher für den Anschluss an 5- und 11-Kilo-Gasflaschen.

Für Gasanschlüsse existiert eine DIN-Norm. Die Gewinde sind immer mit Linksgewinde versehen.

An den Anschluss an der Flasche wird ein Druckminderer angeschraubt. An den Druckminderer der Gasschlauch.

5

6

Das andere Ende wird am Kocher angeschraubt. Sind alle Anschlüsse fest zugezogen, kann das Gas aufgedreht werden. Pfeile zeigen an, in welche Richtung man drehen muss.

Gibt es keine Piezo-Zündung am Kocher, lässt sich die Flamme zwar mit einem Feuerzeug oder einem Streichholz entzünden, die bessere Wahl ist jedoch ein Gasanzünder. Diese Anzünder sind ganz klassisch als Anzünder mit einem Zündstein, der mit Daumendruck seitlich über eine Feile gerieben wird, oder ebenfalls als Piezo-Anzünder erhältlich.

Gaskocher für Gasflaschen

Auch diese Kocher werden mit einem Schlauch an die Gasquelle angeschlossen. Wichtig zu beachten: Die Gewinde der Verschraubungen drehen andersherum als die üblichen Schraubgewinde. Das soll für zusätzliche Sicherheit sorgen. Denn so können keine »Notlösungen« gebastelt werden, weil man vielleicht gerade mal nicht die passenden Anschlüsse zur Hand hat. Der Rest funktioniert wie bei den anderen Kochermodellen auch.

7

Nun kann gekocht werden.

Kochen mit Spiritus, Petroleum oder Benzin

Für den Camping und Freizeitbereich sind auch diverse Kocher, die mit Spiritus, Petroleum oder Benzin betrieben werden, erhältlich. Diese Kocher sind für den Einsatz zu Hause und im Notfall allerdings eher ungeeignet. Verwendet man sie dennoch, sollte man dies unbedingt draußen tun, da diese Kocher nicht über eine Zündsicherung verfügen und der Umgang mit den offenen Flüssigkeiten eine gewisse Übung erfordert. Kennt man sich mit der Technik dieser Kochertypen nicht aus, sollte man sie sich auch nicht als Notfallkocher beschaffen.

Spirituskocher sind nur für das Kochen draußen geeignet, da sie nicht mit einer Zündsicherung ausgestattet sind.

Kochen mit Feuer

Raketenöfen

Eine Alternative zum Kochen mit Gas ist das Kochen auf offenem Feuer. Dies funktioniert jedoch nur draußen – zumindest, wenn man nicht über einen der alten, emaillierten Herde mit massiver Stahlplatte obendrauf und Anschluss an den Kamin verfügt, wie er noch zur Zeit unserer Groß- und Urgroßeltern in vielen Küchen zu finden war.
Wer keinen dieser wunderschönen alten Öfen besitzt, dem bleibt jedoch die Möglichkeit, mit offenem Feuer draußen auf Terrasse oder Balkon zu kochen. Besonders eignen sich dafür sogenannte Raketenöfen. Die besseren Modelle verfügen über eine Rauchgas-Nachverbrennung und kommen mit wenig Brennmaterial aus. Ein weiterer Vorteil ist, dass man Brennholz auch in großen Mengen zu Hause lagern kann und darf. Da man für das Kochen mit einem Raketenofen überdies

Eine gute Alternative für das Kochen außerhalb der Wohnung sind Raketenöfen, die mit Brennholz betrieben werden. Denn Holz darf auch in großen Mengen gelagert werden.

Trockenes Brennholz für den Raketenofen lässt sich in der Regel gut finden.

keine dicken Holzscheite, sondern lediglich dünnere Äste oder Holzstäbe, Holz in der Größe von Anzündholz für den Kamin, benötigt, lässt sich geeignetes Brennmaterial nahezu überall finden und sammeln. Mit etwas Übung reicht dann auch ein Stück Papier zum Anzünden.

Gekocht wird wie auf jeder anderen Kochstelle auch – nur eben mit offenem Feuer. Insofern ähnelt es ein wenig dem Kochen mit einer Gasflamme. Im Unterschied dazu ist jedoch klar, dass eine Gasflamme konstanter brennt und über den Drehregler besser zu dosieren ist. Aber man braucht eben Gas – ohne bleibt die Küche kalt.

Brennmaterial Holz

Für die Raketenöfen findet man das Brennmaterial nahezu überall, und mit etwas Übung kann man deren Hitze dann auch recht gut kontrollieren. Holz für die Öfen zu finden ist in der Regel kaum ein Problem. Überall wo Bäume stehen, findet sich Brennstoff. Allerdings solltet man beim Sammeln ein paar Dinge beachten. Stehendes Holz, also intakte Bäume, sind aus zwei Gründen tabu:

1. Erstens, weil es sich einfach nicht mit den Umweltgedanken unserer Gesellschaft verträgt, an irgendwelchen Bäumen Äste abzuschneiden. Solange ein Baum lebt, sollte man ihn auch nicht seiner Äste berauben. Auch nicht in Zeiten ohne Strom.
2. Zweitens eignet sich frisches Holz schlicht und ergreifend ohnehin nicht zum Verbrennen. Es ist zu feucht und müsste erst trocknen. Die einzige Ausnahme sind schon seit längerer Zeit abgestorbene Äste.

Allerdings findet sich meist auch am Boden genug Holz – sogenanntes liegendes Holz. Hierbei sollte jedoch nur Holz sammeln, das im Wind steht. Alles, was direkt auf dem Boden liegt, ist in der Regel vollgesogen wie ein Schwamm. Das lässt man getrost liegen. Was jedoch nach oben ragt, das trocknet der Wind aus – und das brennt dann meist auch recht gut. Von diesem Holz findet man fast überall genug. Und da man für die Raketenöfen nur wenig Brennmaterial benötigt, kann man sich recht schnell einen kleinen Vorrat für die Zubereitung von mehreren Mahlzeiten anlegen.

Modelle wie der Petromax Raketenofen leiten die Hitze per Kamineffekt nach oben zum Topfboden.

Das fürs Kochen mit Raketenöfen verwendete Holz sollte im Durchmesser nicht zu dick sein. Ein kräftiger Daumen als Maß genommen passt – ein wenig dicker geht auch. Wenn die Äste jedoch den Durchmesser eines Unterarms haben, sind sie schon zu kräftig. Die lassen sich allerdings spalten. Und schon passt es wieder.

Kochen mit dem Raketenofen

Auf offenem Feuer kocht der Mensch schon seit abertausenden Jahren. Und in vielen, vor allem ärmeren Ländern dieser Erde ist es auch heute noch die gängige Methode, um warme Mahlzeiten zuzubereiten. Neben dem Vorteil mit wenig Brennmaterial kochen zu können, wird die Hitze bei einem Raketenofen gezielt dahin geführt wird, wo sie benötigt wird – nämlich unter den Topf.

Ein weiterer Vorteil liegt in der sogenannten Rauchgas-Nachverbrennung. Durch die gezielte Zufuhr von Sauerstoff ergibt sich damit nochmal ein gesteigerter Effekt. Vom Prinzip her ist ein Raketenofen also eine Art Kamin – nur eben im Miniaturformat. Und dass man darauf kochen kann.

Dieses Miniaturfeuer benötigt jedoch Aufmerksamkeit. Das Holz muss ab und zu nachgeschoben werden, und man muss ein wenig schauen, dass es so beieinander liegt, dass es auch vernünftig brennt. Denn es kann schnell passieren, dass das Feuer auch einfach ausgeht, wenn das Holz nicht richtig liegt. Allerdings ist genügend Hitze da, sodass es meist sofort wieder brennt, wenn man das Holz ein wenig neu anordnet. Daher sollte man beim Kochen mit einem Raketenofen daran denken, sich zu zwischendurch immer mal kurz um das Feuer kümmern.

Auf der anderen Seite können Pfannen und Töpfe aber auch sehr heiß werden, wenn das Feuer zu heiß ist. Man sollte also auch aufpassen, dass das Essen nicht anbrennt. Daher gilt beim Kochen auf offenen Feuern noch mehr als ohnehin schon: dabeibleiben. Außerdem macht es Sinn, beim Kochen zu arbeiten wie die Profis: Erst alle Zutaten schnippeln, zurechtlegen und dann loslegen. Wenn man zwischendurch noch Dosen öffnen, Zutaten suchen oder eine Zwiebel schneiden muss, kommt schnell Hektik auf.

Für den Notfall ist ein Raketenofen daher nicht nur eine gute Alternative zum Gaskocher, sondern auch ein wertvoller Backup. Ist der Gasvorrat aufgebraucht und kein Nachschub zu bekommen, kann man auf das Kochen mit Holz und offenem Feuer zurückgreifen – allerdings eben nur draußen.

Kochen mit der Kochkiste

Das Prinzip ist alt und wurde schon von unseren Altvorderen angewendet. Gerade dann, wenn sie wertvollen Brennstoff sparen wollten oder mussten. In der Basisvariante der Methode wurde statt der Kiste das Bett verwendet. Dabei wurde der Topf, nachdem der Inhalt zum Kochen gebracht wurde, einfach unter die Bettdecke gepackt und ein möglichst dickes Plumeau darübergelegt. Den Inhalt ließ man dann garziehen. Die Isolierung aus Matratze und Bettdecke sorgte dafür, dass die Wärme möglichst lang erhalten blieb. Und obendrein hatte die Methode den Vorteil, dass das Bett auch gleich angewärmt war. Denn im Schlafzimmer wurde klassischerweise nicht geheizt.

Die Idee der Kochkiste ist nicht neu. Sie stammt von Karl von Drais, der von 1785–1851 lebte und auch die nach ihm benannte Draisine erfand.

Die Erweiterung dieses Prinzips ist die Kochkiste. Dafür wurde eine Kiste mit Deckel verwendet, in die ein oder mehrere Töpfe problemlos hineinpassten. Der Zwischenraum zwischen dem Topf und dem Boden, den Wänden und dem Deckel der Kisten wurde ausgestopft. Mit Stroh, mit alten Zeitungen, mit Sackleinen, Stoffen, Kissen,

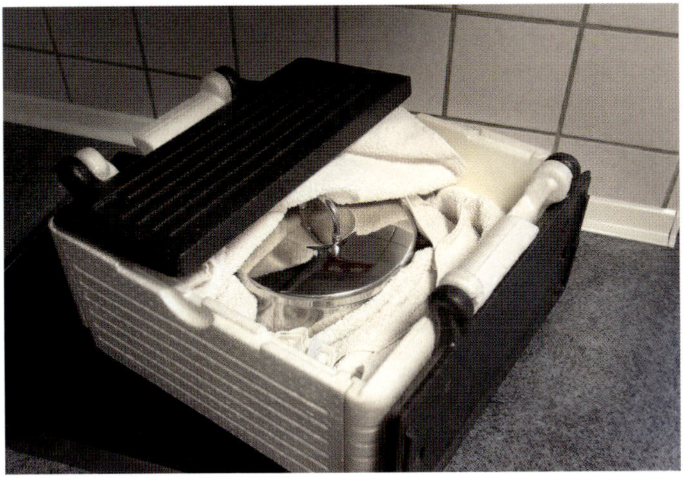

Für die moderne Version eignet sich eine Styropor-Einkaufskiste, die mit Zeitungen oder Handtüchern ausgestopft wird.

Kleidern oder was man zur Hand hatte und was gut isoliert. Das Prinzip blieb gleich. Auf diese Weise lassen sich auch heute noch – und gerade im Notfall – hervorragend Speisen zubereiten und gleichzeitig wertvoller Brennstoff sparen.

Das Kochen in der Kochkiste eignet zum Beispiel wunderbar, um Kartoffeln, Nudeln oder Reis garziehen zu lassen. Wie das geht, erkläre ich im Rezeptteil. Eine Kochkiste lässt sich sehr einfach selbst bauen. Man benötigt lediglich eine stabile Kiste. Die kann aus Holz, aus Kunststoff oder aus Metall bestehen. Noch besser eignen sich die Styroporbehälter, die man zum Kühlhalten von Tiefkühlprodukten mit zum Einkaufen nimmt. Auf den Boden der Kiste kommt eine Schicht dämmendes Material. Darauf stellt man den Topf, den man rundherum und obendrauf ebenfalls mit Dämmstoff einpackt. Anschließend wird der Deckel geschlossen und gewartet bis die Speisen gar sind.

Backen mit dem Omnia

Das Kochen im Notfall funktioniert mit einem Camping-Gaskocher relativ problemlos. Je nach Größe des Kochers kann man mit ein oder zwei Töpfen leckere Gerichte zaubern. Beim Backen wird es dagegen schon schwieriger. Wenn der heimische Backofen mit Strom betrieben wird, bleibt er bei einem Blackout kalt. Will oder muss man dennoch backen, gibt es eine praktikable Lösung: den Omnia.

Mit dem leichten Aluminium-Backofen, der an eine runde Kuchenform (mit einem Volumen von zwei Litern) erinnert, lassen sich Brote und Kuchen backen und auch Aufläufe zaubern. Das funktioniert sogar ganz wie im Backofen zu Hause: mit Unter- und Oberhitze. Daher besteht der Omnia aus drei Teilen. Zusätzlich kann man ihn um einen Gittereinsatz und eine Silikonform erweitern. Mit dem Gitter lassen sich zum

Der Omnia-Camping-Backofen eignet sich für das Backen auf nahezu jedem Herd.

Beispiel Brötchen aufbacken, die Silikonform dient dazu, den Kontakt zwischen Alu und Speisen zu vermeiden. Grundsätzlich kann man ihn aber auch ohne diesen Einsatz verwenden. Zum Backen wird der Omnia einfach auf den Kocher gestellt, die benötigte Hitze kommt von der Flamme des Kochers.

Die drei Teile des Omnia sind ein Untergestell aus Edelstahl, die Backform aus Aluminium und der lackierte Deckel, ebenfalls aus Alu. Diese drei Teile müssen stets zusammen verwendet werden. Das Untergestell sorgt für die Unterhitze beim Backen, indem es die Wärme gleichmäßig an der Unterseite der Backform entlang leitet. Die Oberhitze kommt durch das Loch in der Mitte zustande. Hier kann die Hitze nach oben steigen. Der Deckel schließlich sorgt dafür, dass die Wärme nicht nach oben entweicht, sondern gleichmäßig von oben gebacken wird. Seitliche Löcher im Deckel sorgen dafür, dass kein übermäßiger Hitzestau entsteht.
An das Backen im Omnia muss man sich jedoch etwas herantasten. Während man am heimischen Herd eine Temperatur einstellt und einfach wartet, bis die rote Lampe am Ofen ausgeht und damit signalisiert, dass jetzt die Backtemperatur erreicht ist, gibt es beim Omnia konstruktionsbedingt keine Möglichkeit, die Temperatur zu bestimmen. Allerdings ist optional ein Backthermometer für den Omnia erhältlich, mit dem sich die Hitze im Ofen bestimmen lässt. Dennoch sollte man als Omnia-Neuling die ersten Backversuche mit niedriger Hitze starten. Stellt man die Flamme des Kochers zu hoch ein, kann es passieren, dass Brot oder Kuchen unten anbrennen, innen aber noch nicht fertig sind. Je nach Gericht kann es aber dennoch notwendig sein, zunächst mit hoher Temperatur zu beginnen, damit der Ofen heiß wird, dann aber herunterzuregeln. Das Vorheizen des Untergestells ist eine weitere Möglichkeit. Benötigt man eine sehr hohe Anfangshitze, nutzt man beides. In der dem Omnia beigelegten Gebrauchsanweisung stehen Tipps, wie man die Temperatur bei verschiedenen Herden einstellt. Denn der Omnia funktioniert auf allen Wärmequellen, außer auf Induktionsherden.

1 Zunächst wird das Untergestell auf den Kocher gestellt.

2 Auf dem Untergestell wird anschließend die eigentliche Backform platziert.

3 Zum Aufbacken von Brötchen kann das Gitter eingelegt werden.

4 Anschließend wird der Deckel aufgesetzt und es kann gebacken werden.

Grundsätzlich gilt: Der Ofen wird heiß! Daher sollte man ihn immer nur mit einem Topflappen bewegen oder den Deckel abnehmen, sobald der Omnia auf der Flamme steht. Nach dem Backen sollte man außerdem die Backform vom Untergestell nehmen, da die Form sonst weiterhin Hitze von unten bekommt. Stehen die drei Teile beim Backen sauber ineinander, kann nichts verrutschen. Auf der Kochstelle selbst steht der Omnia wie ein normaler Topf. Vor dem Verwenden muss die Backform eingefettet werden. Der Hersteller rät überdies, sie zum Backen mit Semmelbröseln auszustreuen.

Es funktioniert aber durchaus auch ohne Brösel. Fettet man die Form zum Beispiel gut mit Olivenöl aus, kann man problemlos ein Brot darin backen. Bei Verwendung der Silikonform ist ein Einfetten nicht nötig.

Auch die Reinigung ist angenehm simpel: Die Form befüllt man mit kaltem Wasser, lässt sie eine Weile stehen und spült sie dann mit etwas Spülmittel aus. Bitte nicht in die Spülmaschine tun! Das verträgt das Alu nicht. Die Silikonform kann dagegen in die Spülmaschine oder mit heißem Wasser und Spülmittel gereinigt werden.

Den kleinen Backofen gibt es schon sehr lange, man vermutet seit Mitte der 1940er-Jahre. In den 1970ern wurde der Ofen nach Fusion der Firma Optimus mit Alde vergrößert. Seit 2006 wird der Omnia von Koala Marketing hergestellt, deren Hauptsitz in Malmö (Schweden) angesiedelt ist.

Der Omnia wiegt grade mal um die 500 Gramm. Schwer ist er also nicht. Für die Lagerung etwas problematischer sind seine Abmessungen: Durchmesser 250 mm, Höhe 70 mm, Höhe inkl. Deckelknopf ca. 140 mm. Da er sich nicht zusammenlegen oder ineinanderstapeln lässt, braucht er etwas Platz. Dafür lässt er sich aber in dem mitgelieferten Beutel verstauen. Man muss also nicht befürchten, dass man den Deckel irgendwo hinter dem Regal verliert oder die Einzelteile erst mühsam aus irgendeiner Schublade zusammenkramen muss.

Backen mit dem Dutch Oven

Backen kann man jedoch auch mit glühenden Kohlen. Hierzu eignen sich die als Dutch Oven bezeichneten Gusstöpfe mit ihren unterschiedlichen Formen und Größen. Die »Dutchs« oder Feuertöpfe sind in runder Form und in unterschiedlichen Größen von verschiedenen Herstellern zu bekommen.

Zum Backen und Kochen im Feuer lassen sich alle verwenden, die Unterschiede sind marginal. Der Hersteller Petromax bietet jedoch auch zwei eckige Guss-Feuertöpfe an: die Kastenform K4 und K8. Beide werden mit Deckel geliefert. Der K4 hat die Form eines Kastenbrots, der K8 die doppelte Breite.

Zum Backen werden sowohl unter als auch auf den Deckel der Gusstöpfe Kohlen

Mit einem Dutch Oven oder Feuertopf kann auch im Gartengrill gekocht und gebacken werden.

Der Petromax K4 ist mit seiner Kastenform vor allem für das Backen von Brot geeignet.

gelegt. Petromax gibt für den K4 bei neun Kohlebriketts oben und fünf unten eine Temperatur von 200 bis 225 Grad Celsius an. Da jedoch Kohle nicht gleich Kohle ist, es darauf ankommt ob die Briketts zu Beginn schon durchgeglüht, wie lange sie glühen und ob es draußen 30 Grad im Schatten oder nasse und windige sechs Grad hat, kann das nur ein Näherungswert sein. Daher sollte man gegen Ende der Backzeit immer wieder die Probe mit dem Spieß durchführen. Dabei jedoch die Backform nicht länger als nötig offen lassen, da die Hitze nach oben entweicht.

Das Backen von Brot funktioniert natürlich auch in einer runden Form. Dann wird das Brot eben nicht eckig, sondern rund.

Aber auch in den runden Feuertöpfen gelingt ein Brot hervorragend.

Ein Brot lässt sich jedoch auch mit zwei Töpfen und ein paar Teelichten backen.

Backen mit Teelichten

Fehlt der Strom, um den Backofen anzuheizen, lässt sich mit Töpfen und Teelichten und ein paar Schrauben schnell ein Notbackofen bauen. Denn es gilt: Unser täglich Brot gib uns heute – und bitte auch in Krisenzeiten. Lässt sich diese Fürbitte des christlichen Glaubensbekenntnisses in unseren Breitengraden üblicherweise mit einem Gang zum Bäcker erfüllen, wird man dem Herrgott in Krisenzeiten wohl ein wenig Hilfestellung geben müssen. Doch was nutzen im Notvorrat gebunkerte Zutaten wie Mehl, Hefe und Salz, wenn der Strom weg ist und der Backofen nicht mehr funktioniert? Hat man neben den oben genannten Zutaten auch genügend Teelichte bevorratet, ein paar Schrauben und zwei unterschiedlich große Töpfe zur Hand, lässt sich damit ein einfacher Notbackofen bauen. Nehmen wir es vorweg: Die üblichen in Backrezepten geforderten 180 bis 200 Grad Celsius erreicht dieser Ofen nicht. Bei rund 130 Grad ist meist Schluss. Das bedeutet jedoch nicht, dass man damit kein Brot zustande bringt. Man muss lediglich die Backzeit erhöhen. Außerdem wird man feststellen, dass sich bei dieser Temperatur keine leicht bräunliche und knusprige Kruste bildet. Das Ergebnis lässt eher Erinnerungen an vergangene Urlaube in den Niederlanden oder Großbritannien aufkommen. Das fertige Brot ist außen weich, innen aber mit fester Krume. Nimmt man es zu früh heraus, bleibt es im Kern unter Umständen ein wenig sitzen, was aber auch ganz lecker sein kann, wie man am berühmten Brownie sieht. In jedem Fall ist es aber eins: ein richtiges Brot.

Für den Notfallofen benötigt man zwei Töpfe, die ineinanderpassen. Hat man einen Bräter zur Verfügung, lässt er sich sogar zusammen mit einer Kastenbackform verwenden.

Außerdem benötigt man ein Backblech oder eine andere feuerfeste Unterlage, den Grillrost aus dem Backofen, eine Handvoll Schrauben oder Muttern und Teelichte. Eventuell sind noch ein paar gleichhohe Steine als Abstandhalter notwendig.

Die Teelichte werden auf die feuerfeste Unterlage gestellt. Dann wird der Grillrost so darüber platziert, dass die Flammen nur wenige Zentimeter Abstand dazu haben. Das lässt sich zum Beispiel mit Steinen realisieren. Meist passen aber Backblech und Gitterrost aus dem Elektroherd so zueinander, dass sich der richtige Abstand ergibt. Auf das Gitter stellt man den größeren Topf oder den Bräter, in den man die Schrauben oder Muttern legt. Sie sorgen dafür, dass die Hitze im Notfallbackofen zirkulieren kann. Auf die Schrauben wird der mit dem Brotteig gefüllte, kleinere Topf oder die Kastenform gestellt und anschließend der Deckel des großen Topfs oder Bräters aufgelegt.

Nun heißt es: warten. Benötigt ein Brot im normalen Ofen eine Backzeit von 50 Minuten, kann man diese getrost auf zwei Stunden ausdehnen. Denn nach etwa einer Stunde ergibt die Stichprobe, dass der Teig im Inneren noch flüssig ist. Verringert man die Teigmenge, was bei kleineren Töpfen sinnvoll ist, kann sich die Backzeit verkürzen. Eine Stickprobe mit einem metallenen Schaschlik-Spieß oder einer Stricknadel gibt Aufschluss, ob das Brot fertig ist oder noch backen muss. Hierzu sticht man in das Brot und zieht den Spieß oder die Nadel wieder heraus. Klebt noch Teig am Metall, ist das Brot noch nicht fertig und muss noch weiter backen. Nach dem Herausnehmen muss das Brot eine Weile abkühlen, bevor man es anschneidet. Das Ergebnis kann sich nicht nur sehen lassen, sondern macht auch satt – und darauf kommt es ja an.

Töpfe, Pfannen & Co. Welche sind geeignet?

Dieses Kapitel lässt sich recht schnell abhandeln. Denn zum Kochen mit den Gaskocher oder dem Raketenofen benötigt man zum Glück keine speziellen Töpfe oder Pfannen. Man kann – eventuell mit wenigen Ausnahmen – all die Töpfe verwenden, die man sonst auch im Gebrauch hat. Spezielle Campingtöpfe und -pfannen sind nicht notwendig. Sie sind lediglich meist dünner ausgeführt, um unterwegs Gewicht zu sparen. Damit einher geht jedoch bei den meisten der Nachteil, dass die Speisen schnell am dünnen Topfboden anbrennen.

In Bezug auf Töpfe, Tiegel und Pfannen muss man sich also keine Gedanken um eine Notbevorratung machen. Zum Glück, denn diese Töpfe müssten ja auch irgendwo aufbewahrt werden. Dieser Platz lässt sich besser für ein paar zusätzliche Dosen oder Flaschen mit Wasser nutzen. Allerdings sollten die zu Hause vorhandenen Töpfe nicht nur die Wärme gut leiten, sondern auch die Hitze gut und lang halten können. Gusstöpfe sind hier eine gute Wahl, gerade wenn man Nudeln, Kartoffeln oder Reis nach dem Ausschalten der Flamme garziehen lassen will, denn sie geben ihre Wärme noch sehr lange an die Speisen ab.

Töpfe aus Gusseisen halten die Hitze länger als herkömmliche Töpfe. Daher sind sie gut dafür geeignet, Speisen darin garziehen zu lassen.

Und natürlich gibt es im Outdoor- und Camping-Fachhandel doch ein paar Kochgefäße, die sich hervorragend für das Kochen im Notfall eignen. So zum Beispiel die Feuerkanne von Petromax. Eigentlich für die entwickelt, die gern draußen und am Lagerfeuer oder mit dem Hobo-Kocher kochen, punktet sie auch beim Kochen in der Krise. Die doppelwandige Kanne ist innen hohl und bildet somit einen Kamin, der der Hitze eine große Fläche bietet. Auf einem Gaskocher mit normal großem – oder eher kleinem – Brenner ist der klassische Wasserkessel zwar überlegen, da die Flamme nicht breit genug ist, um die Wände ausreichend schnell zu erwärmen, auf einem Kocher mit großem Brenner, wie zum Beispiel dem Petromax Gastisch, kocht das Wasser allerdings beachtlich schneller.

Der eigentliche Vorteil liegt aber im mitgelieferten Zubehör und den damit verbundenen Möglichkeiten. Zum einen ist eine Feuerschale mit klappbaren Standfüßen dabei, in der man Holz, Tannenzapfen oder andere Dinge verbrennen kann. Die Kanne passt exakt auf die Feuerschale und man kann draußen problemlos Wasser erwärmen. Zum anderen gibt es noch einen Aufsatz, der oben in die Öffnung gesteckt werden kann. Auf ihm lässt sich ein kleiner Topf platzieren, in dem man Speisen erwärmen kann, während man Wasser kocht. Außerdem ist ein zweiter Deckel dabei, mit dem sich die Feuerkanne fest verschließen lässt. Wasserholen ohne unterwegs etwas zu verschütten ist also auch kein Problem. Hier ist der gute alte Wasserkocher eindeutig im Nachteil.

1

Auf einen Kocher normaler Größe kocht das Wasser im klassischen Teekessel schneller als in der Feuerkanne.

2

Auf einer größeren Flamme, wie sie zum Beispiel der Feuertisch von Petromax bietet, ist die Feuerkanne jedoch viel schneller.

3

Die doppelwandige Kanne ist innen hohl, was für einen Kamineffekt sorgt.

4

Die Feuerkanne wird mit einer Feuerschale geliefert und kann daher unter anderem mit Kleinholz oder Tannenzapfen betrieben werden.

Das Einkochen fertiger Gerichte ist eine Möglichkeit, frische Lebensmittel haltbar zu machen.

Haltbarmachen von frischen Lebensmitteln

Was, wenn der Strom plötzlich für länger weg ist, die Tiefkühltruhe aber voll? Und was, wenn man während eines Notfallszenarios an größere Mengen frische Lebensmittel kommt, die man so schnell nicht essen kann, die aber bald zu verderben drohen?

Vielleicht hat man in einer Notsituation unverhofft das Glück, eine größere Menge Lebensmittel gegen etwas anderes eintauschen zu können. Oder man konnte im eigenen Garten eine große Ernte einfahren. Prima. Wahrscheinlicher wird jedoch sein, dass man sich überlegen muss, was man mit den Lebensmitteln im Kühlschrank anstellt. Sind sie aufgetaut, können sie schnell verderben. Wohin also mit all dem Fleisch, dem Fisch und den Gemüsen?
Eine Möglichkeit ist, sie umzulagern. Hierfür eignet sich zum einen eine Kompressor-Camping-Kühlbox. Diese Geräte benötigen jedoch Strom, können aber glücklicherweise mit 12 Volt betrieben werden. Ein Setup aus Autobatterie und Solarmodul nebst Laderegler könnte also für Energie sorgen. Die andere Möglichkeit sind besonders gut isolierte Passiv-Kühlboxen, wie etwa die Box von Petromax. Klar, diese Boxen halten die Kälte nicht ewig. Hat man aber die Kühltruhe nicht nur auf minus 18 Grad, sondern kälter eingestellt, sind die Sachen darin noch ausreichend kalt, und packt man gefrorene Kühlakkus dazu, kann man die Lebensmittel noch einige Tage gefroren und danach kühl halten.

Sind es jedoch zu viele Lebensmittel oder die alternativen Kühlmöglichkeiten am Ende oder nicht vorhanden, bleibt einem das Einkochen, so wie man es früher gemacht hat. Dazu benötigt man mit kochendem Wasser ausgespülte Gläser und passende Deckel. Dort gibt man zum Beispiel Fleisch, Gemüse oder beides sowie Kräuter, Salz und Gewürze hinein und gibt etwas Wasser hinzu. Danach werden die Gläser verschlossen und in einen großen Topf mit Wasser, auf dessen Boden man ein Geschirrtuch gelegt hat, gestellt. Das Wasser sollte dabei bis knapp

Fällt der Strom aus, lässt sich der Inhalt einer Tiefkühltruhe noch für einige Tage in einer gut isolierten Passiv-Kühlbox gefroren halten.

unter den Deckel reichen. Anschließend wird das Wasser zum Kochen gebracht.

Der Nachteil dieser Methode: Die Kochzeit muss eine Stunde und länger betragen. Beim Einkochen von rohem Fleisch sollte außerdem eine Temperatur von 120 Grad erreicht werden, weswegen man dafür einen Dampfdruck-Kochtopf verwenden sollte oder Fleischgerichte üblicherweise im Backofen einkocht. Da sich diese Methode aufgrund des hohen Brennstoffbedarfs eher weniger für den Notfall eignet, gehe ich nicht auf einzelne Rezepte dazu ein. Denn im Notfall wirklich nutzen lässt sich das Einkochen nur, wenn man mehr als genug Gasvorrat oder Holz zum Kochen auf offenem Feuer bevorratet hat. Wer sich dennoch damit beschäftigen möchte, findet im Internet und in Kochbüchern zu dem Thema jedoch mehr als genug spannende Rezepte.

Denn einige Gläser mit selbst eingekochten Gerichten, die man noch vor dem Blackout hergestellt hat, eignen sich hervorragend für einen Notvorrat. Außerdem dürfte der Inhalt in der Regel besser schmecken als das, was die Lebensmittelindustrie im Angebot hat.

Bright Spark
with Flame Failure Device
PORTABLE GAS COOKER

Welches Kochzubehör wird bei einem Blackout benötigt?

Artikel	*Bemerkungen*	*Eigene Notizen*
Gaskocher	Für das Kochen im Haus sollte ein Kocher mit Zündsicherung verwendet werden.	
Gasvorrat	Achtung: Laut Vorschrift dürfen maximal 2 Gasbehälter gelagert werden – egal wie klein oder groß. Auf die Vorschriften zur Lagerung achten!	
Raketenofen	Wird mit Holz betrieben, darf aber nur draußen verwendet werden. Als Alternative oder Ergänzung zu Gaskochern.	
Vorrat an Holz oder Kohle	Kann in beliebiger Menge gelagert werden.	
Petromax Feuerkanne	Als Alternative zum Wasserkessel. Kann draußen mit mitgelieferter Feuerschale betrieben werden. Auf Kochern mit üblicher Brennergröße kein Vorteil.	
Omnia-Backofen	Camping-Backofen für das Backen auf Gaskochern. Achtung: lange Backzeiten.	
Petromax Kastenform oder Dutch Oven	Für das Backen von Brot mit Kohlen im Grill oder der Feuerstelle. Nur draußen verwenden.	
(faltbare) Styroporkiste	Zur Verwendung als Kochkiste. Töpfe mit Handtüchern oder Zeitungen zusätzlich dämmen.	
(passive) Kühlbox	Zur Umlagerung von (tief-)gekühlten Lebensmitteln. Passive Kühlboxen sind entsprechend isoliert und halten über einen längeren Zeitraum kalt. Bei elektrischen Kühlboxen sind Kompressor-Boxen zu empfehlen, da sie bis weit in den Minusbereich kühlen. Allerdings benötigen sie Strom, funktionieren aber auch mit 12 oder 24 Volt. Die Stromversorgung kann daher mit einer Autobatterie und einem Solarmodul samt passendem Wechselrichter aufrecht erhalten werden.	
Wasserkanister/Wassersäcke	Zur Lagerung von Wasser	
Wasserfilter	Filter aus Keramik oder Membranfilter	
Zusatz zur Wasserentkeimung	z. B. Micropur oder Dr. Keddo	

22 REZEPTE

04 REZEPTE

mit Zutaten aus der Vorratsliste

Achtung! Diese Liste ist keine Basis für einen kompletten Notvorrat, sondern lediglich auf die im Buch enthaltenen Rezepte abgestimmt.

Vorratsliste für die Rezepte aus dem Buch

Maximalvorrat mit allen Alternativen

Lebensmittel	*Menge*	*Eigene Notizen*
Getreide, Getreideprodukte, Brot, Kartoffeln, Nudeln und Reis		
(grobes) Dinkelmehl	1 kg	
(grobes) Roggenmehl	500 g	
Weizenmehl	2 kg	
Körner (z.B. Sonnenblumenkerne, Leinsamen, Kürbiskerne, Buchweizen, Dinkelkörner)	je eine (kleine) Packung á 250–500 g	
Hartweizengrieß	500 g	
Couscous-Gries	500 g	
Backpulver	1–2 Beutel á 15 g	
Trockenhefe	3 Beutel á 7 g	
Getrocknete Brotwürfel	500 g	
Kartoffelpüreepulver	1 Paket á 160–240 g (Portionsbeutel á 80–100 g)	
frische Kartoffeln (alternativ Kartoffeln im Glas)	4–5 kg	
Kartoffeln im Glas (alternativ frische Kartoffel)	6–8 Gläser á ca 400 g Abtropfgewicht	
Reis	1 Päckchen zu 500 g	
Gemüse und Hülsenfrüchte		
Kidney-Bohnen oder rote Bohnen (alternativ auch andere)	3 mittlere Dosen	
Mais	1 (kleine) Dose	
Erbsen	6 (kleine) Dosen	
Karotten	5 (kleine) Dosen	
Erbsen und Karotten	1 mittlere Dose	
Kichererbsen	3 mittlere Dosen	
Eingelegte Paprika	5–6 Gläser á ca 320 g	
Sauerkraut	1 Dose oder Beutel á 500–800 g	
Rote oder gelbe Linsen (getrocknet)	1 Päckchen á 500 g	
Saure Gurken	1 Glas á 600–700 g	
Rote Beete	1 Glas á 300–400 g	

Vorratsliste für die Rezepte aus dem Buch

Maximalvorrat mit allen Alternativen

Lebensmittel	*Menge*	*Eigene Notizen*
Tomatenmark	1–2 Tuben á ca. 200 g	
Passierte Tomaten	3 Dosen oder Tetra-Paks á ca. 250 g	
Stückige Tomaten	9 Dosen á ca. 400 g	
Zwiebeln	15–20 Stück (alternativ Silberzwiebeln aus dem Glas oder getrocknete Zwiebeln)	
Silberzwiebeln	4 Gläser á 300–400 g (alternativ frische oder getrocknete Zwiebeln)	
Getrocknete Zwiebeln	1–2 Gläser á ca. 30 g (alternativ Silberzwiebeln aus dem Glas oder frische Zwiebeln)	
Knoblauch	1–2 Knollen (alternativ Knoblauchpulver)	
Obst und Nüsse		
Ananas in der Dose	2 (kleine) Dosen	
Pfirsiche in der Dose	1 mittlere Dose	
Rosinen	1 Päckchen á 200–250 g	
Zitronensaftkonzentrat	1 Flasche	
Milch und Milchprodukte	3 l	
H-Milch (alternativ Milchpulver)	3 Liter	
Milchpulver	1–2 Beutel á 500 g	
Fisch, Fleisch, Eier oder Volleipulver		
Dosenwürstchen	2 mittlere Dosen	
Corned Beef	1 kleine Dose	
Rindfleisch in der Dose	3 kleine Dosen	
Schweinefleisch in der Dose	2 kleine Dosen	
Speckwürfel	1 Päckchen á 250 g	

Lebensmittel	*Menge*	*Eigene Notizen*
Eier (alternativ Volleipulver – Ausnahme Shakshuka)	8–10 Stück	
Volleipulver (alternativ frische Eier)	1 Beutel á 500 g	
Thunfisch	2 kleine Dosen	
Sardinen	1 kleine Dose	
Fette und Öle		
Öl	1 Flasche á 1 l	
Essig	1 Flasche á 1 l	
Gewürze		
Salz	1 Päckchen	
Pfeffer	1 Päckchen	
Paprika	1 Päckchen	
Curry	1 Päckchen	
Muskat	1 Päckchen	
Kreuzkümmel	1 Päckchen	
Garam Masala	1 Päckchen	
Chilipulver	1 Päckchen	
Knoblauchpulver	1 Päckchen (alternativ frischer Knoblauch)	
Kräuter (z.B. Oregano, Thymian, Basilikum, italienische Mischung, Dill, Petersilie, Koriander, Suppengrün)	je 1 Päckchen	
Instant-Brühe (z.B. Gemüse, Rind oder Huhn)	(je) 1 Glas	
Senf	1 Glas oder 1 Tube á 100–250 ml	
Zucker	1 (kleines) Päckchen (alternativ Ahornsirup)	
Ahornsirup	1 Flasche (alternativ Zucker)	
Wasser	4–5 l	

200 g
200–250 g
ca. 400 g
KRINI
SEIT 1962. EHRLICH GUT.
Kichererbsen
Bonduelle
Bonduelle
ALNATURA
Mittelscharfer Senf
Del Monte
MUTTI

Größen- und Mengenangaben von Dosen, Gläsern und Tuben

Grob kann man Konservendosen in die Größen klein, mittel und groß unterteilen. Je nachdem befinden sich jedoch unterschiedliche Füllmengen darin. Kleine Dosen sind meist mit etwa 200 bis 250 Gramm befüllt, Dosen mittlerer Größe mit um die 400 Gramm und die großen Dosen weisen Füllgewichte von 800 bis 850 Gramm auf. Gläser mittlerer Größe haben in der Regel einen Inhalt von 300 bis 350 Gramm, große Gläser liegen – mit Ausnahmen wie bei Kartoffeln – beim dem doppelten Wert. Die Abtropfmengen sind je nach Flüssigkeit in der Konserve entsprechend geringer. Für Tuben gilt meist eine Menge von um die 200 Milliliter Inhalt, bei Senfgläsern rund 250 Milliliter.
Da es bei den von mir vorgeschlagenen Rezepten eine untergeordnete Rolle spielt, ob man Konserven mit 400, 420 oder 450 Gramm Inhalt verwendet, habe ich bei den Zutaten jeweils nur die Anzahl der Dosen oder Gläser aufgeführt und vermerkt um welche Größe es sich dabei handelt. Das hat seinen Grund unter anderem auch darin, dass man beim Einkaufen nicht peinlich genau nach den Konserven mit dem passenden Inhalt suchen muss. Abgesehen davon hat der eine oder andere vielleicht Vorlieben für oder Abneigungen gegen den einen oder anderen Hersteller.

Unterm Strich gilt jedoch: Egal ob No-Name-, Eigenmarke der Supermarktketten, dedizierter Hersteller oder Bio-Produkte, solange ein Mindesthaltbarkeitsdatum möglichst weit in der Zukunft angegeben ist, eignen sich alle Konserven für den Notvorrat. Und bei kürzeren Haltbarkeitsdaten tauscht man eben öfter aus.

KOCH-REZEPTE

Kartoffeln haben den Vorteil, dass sie sich nicht nur kochen, sondern auch braten lassen.

Kochrezepte

Was nutzt der beste Notvorrat, wenn man nicht weiß, was man aus den eingelagerten Lebensmitteln kochen oder zubereiten kann? Im zweiten Teil meines *Blackout-Kochbuchs* habe ich daher einige Rezepte zusammengestellt, die auf Lebensmitteln beruhen, die man für den Notfall im Haus haben sollte.

Wichtig ist dabei: Bei keinem der Gerichte muss man sich zwingend sklavisch an das Rezept halten. Hat man bestimmte Dinge nicht bevorratet oder sie schon verbraucht, lassen sich diese Zutaten meist problemlos durch andere ersetzen. Hier kann und darf man durchaus etwas kreativ werden.

Bei Zutaten wie Öl oder Mehl habe ich bewusst darauf verzichtet, bestimmte Sorten für das Rezept zu nennen. Unter dem Strich und im Notfall ist es nämlich ziemlich egal, ob man Oliven-, Sonnenblumen- oder Rapsöl verwendet. Bei manchen Rezepten habe ich die Ölsorte dennoch in Klammern dazugeschrieben. Diese Sorte wäre meine Präferenz, es lässt sich aber auch problemlos jedes andere Öl verwenden.

Bei den Mehlsorten verhält es sich fast genauso. Hauptsache ist, man hat Mehl im Haus. Sicher sind unterschiedliche Mehle unterschiedlich backstark und erzielen unterschiedliche Backergebnisse. In einer Krisensituation spielt das jedoch eine untergeordnete Rolle. Lediglich beim Dinkel-Roggenbrot habe ich die Mehlsorten explizit genannt. Aber auch bei diesem Rezept könnte man anderes Mehl verwenden. Unter Umständen müssen Backzeiten angepasst werden, aber wie man testet, ob ein Brot fertig gebacken ist, ist bei den Rezepten beschrieben.

Bei Salz, Pfeffer, den Gewürzen und Kräutern habe ich bewusst auf Mengenangaben verzichtet. Hier sollte jeder selbst abschätzen können, wieviel er zum Würzen verwendet. Denn schließlich bleiben Geschmäcker auch in Zeiten ohne Strom verschieden.

Bei manchen Rezepten ist die Verwendung einer Kochkiste sinnvoll und ratsam. Das spart wertvollen Brennstoff. Bei diesen Rezepten habe ich das in der Regel auch im Text erwähnt. Dennoch kann man generell selbst mit dieser Garmethode experimentieren und kommt so vielleicht auf Ideen, wie sich diese alte Erfindung sonst gut einsetzen lässt.

Für alle Rezepte gilt: Variationen sind nicht nur sinnvoll, sondern auch durchaus gewünscht. Schließlich ist die Blackout-Küche keine Sternegastronomie, sondern lebt von der Kreativität des Kochs oder der Köchin. Alle Rezepte sind daher durchaus auch als Anregung zu verstehen, um sich auch in Zeiten ohne Strom oder anderen Notfallsituationen ernähren zu können und keinen Hunger leiden zu müssen.

Nudeln, Reis und Kartoffeln »kochen«

Nudeln, Reis und Kartoffeln benötigen rund 20 Minuten Kochzeit, bis sie gar sind. Dabei wird viel Brennstoff verbraucht. Brennstoff, von dem man vielleicht nicht genug Vorrat hat oder nicht weiß, wann man wieder welchen bekommt. Umso wichtiger ist es, gerade in der Krise sparsam mit Gas oder anderem Brennmaterial umzugehen.

Doch damit Nudeln Reis und Kartoffeln gar werden, müssen sie gar nicht die ganze Zeit über auf der Flamme kochen. Man kann sie auch garziehen lassen. Um weitere Energie einzusparen, werden sie kalt aufgesetzt. Von Reis und Kartoffeln kennt man das, aber es funktioniert auch hervorragend mit getrockneten Nudeln. Und auch wenn italienische Köche und »Mammas« schon allein bei der Vorstellung Schnappatmung bekommen, es funktioniert und macht gerade in Notzeiten Sinn.

Lediglich frische Pasta sollte ins kochende Wasser gegeben werden, damit sich die Eiweißstrukturen festigen können. Dafür ist frische Pasta aber auch schon nach 2 bis 3 Minuten gar. Getrocknete Nudeln können jedoch problemlos, wie Reis und Kartoffeln auch, ins kalte Wasser gegeben werden, ohne dass es einen großen Unterschied beim Geschmack und der Konsistenz macht. Ein weiterer Trick, den ich irgendwann vor Jahren gelesen, aber nie ausprobiert habe, besteht darin, die Nudeln mit kochendem Wasser in eine Thermoskanne zu füllen und sie darin garziehen zu lassen. Dafür eignen sich besonders Spaghetti, die nicht nur die passende Länge haben, sondern auch sehr dünn und daher schneller gar sind.

Dünne Spaghetti garen schneller

Bestes Verhältnis: Zwei Tassen Wasser auf eine Tasse Reis

Kartoffeln in kleine Stücke schneiden, spart Garzeit

Um Nudeln, Reis oder Kartoffeln garziehen zu lassen, wird die Flamme 1 bis 2 Minuten, nachdem das Wasser zu kochen angefangen hat, ausgeschaltet. Gekocht wird dabei im geschlossenen Topf, der auch zum Garziehen geschlossen bleibt. Den Topf samt Inhalt lässt man nun ebenfalls rund 20 Minuten stehen. Ein Gusstopf hält die Wärme dabei deutlich länger als andere Töpfe. Will man die Hitze noch länger im Topf halten, stellt man ihn in eine Kochkiste. Die Kartoffeln sollte man übrigens in kleinere Stücke schneiden, dann sind sie schneller gar.

Da auch Wasser unter Umständen knapp ist, sollte man das Kochwasser nicht zu stark salzen, damit man es anschließend noch für eine Suppe oder Soße zu den Nudeln oder Kartoffeln verwenden kann. Bei Reis gilt jedoch: zwei Tassen Wasser auf eine Tasse Reis. In diesem Verhältnis wird das Wasser vom Reis komplett aufgesaugt und es bleibt nichts übrig.

Und los geht's
Nudel- und Spätzleteig herstellen →

Nudelteig (für 2 Portionen)

Zutaten:

200 g Weizenmehl
50 bis 100 ml Wasser
1 Prise Salz
1 TL (Oliven-)Öl
½ Becher saure Sahne, Schmand oder Crème fraîche
Pfeffer
Muskat
Schnittlauch zum Bestreuen

Alternativ:

200 g Hartweizengrieß statt 200 g Mehl
oder
120 g Mehl und 80 g Hartweizengrieß statt 200 g Mehl

Zubereitung:

Das Mehl (oder den Gries) in eine Schüssel geben und eine Mulde in die Mitte drücken. Salz, 1 TL Öl, 50 ml Wasser und etwas Muskat in die Mulde geben. Anschließend alles von innen nach außen langsam miteinander vermengen und dabei nach und nach etwas Wasser zugeben, bis ein glatter, elastischer Teig entsteht, der nicht mehr klebt. Den Teig zu einer Kugel rollen, in Frischhaltefolie oder ein leicht feuchtes Küchentuch wickeln und 30 Minuten ruhen lassen.

Danach den Teig auf der bemehlten Arbeitsfläche plattdrücken und mit dem Nudelholz auswellen. Ist eine manuelle Nudelmaschine vorhanden, den Teig mit der Nudelmaschine bis auf die gewünschte Stärke durch die Maschine drehen. Ist keine Nudelmaschine vorhanden, den Teig mit dem Nudelholz so dünn wie möglich ausrollen. Den Teig dabei in zwei oder drei Stücke aufteilen. Ist der Teig ausgerollt, ihn mit einem Messer in Streifen schneiden oder durch den passen-

den Aufsatz der Nudelmaschine drehen. Die fertigen Nudeln etwas mit Mehl bestäuben, damit sie nicht aneinanderkleben.

Salzwasser zum Kochen bringen und die Nudeln hineingeben. Frische Pasta ist nach 2 bis 3 Minuten gar, was man daran sieht, dass sie an die Wasseroberfläche kommen.

Tipp:

Sind Eier vorhanden, kann ein Teil des Wassers durch Ei ersetzt werden. Hierzu kann auch Volleipulver verwendet werden, das jedoch vorab nach Packungsangabe mit Wasser angerührt werden sollte.

Spätzleteig

(für 2 Portionen)

Zutaten:

200 g Weizenmehl
3 EL Hartweizengrieß
250 ml Wasser
1 Prise Salz
1,5 TL Öl

Zubereitung:

Das Mehl und den Hartweizengrieß zusammen mit dem Salz in eine Schüssel geben und grob vermischen. Das Öl sowie etwas Wasser hinzufügen und alles miteinander verrühren. Dabei nach und nach das restliche Wasser zugießen, bis ein zähflüssiger Teig entsteht. Den Teig etwa 15 Minuten ruhen lassen.

Salzwasser zum Kochen bringen und den Teig mit einer Spätzlepresse oder einen Spätzlehobel in das Wasser geben. Sind Spätzlepresse oder -hobel nicht vorhanden, kann der Teig auch mit einem Teigschaber, einem Pfannenwender oder einem Messer von einem Brettchen in das Wasser geschabt werden. Dazu einen guten Klecks Teig auf das Brettchen geben, das Ende vom Brett leicht ins Wasser halten und den Teig in kleinen »Würstchen« in das Wasser schaben.

Die Spätzle sind fast sofort gar. Mit einem Schaumlöffel aus dem Wasser heben, abtropfen lassen und in eine Schüssel oder direkt auf den Teller geben.

Tipp:

Sind Eier vorhanden, können ein Teil des Wassers und der Hartweizengrieß durch Ei ersetzt werden. Hierzu kann auch Volleipulver verwendet werden, das jedoch nach Packungsangabe mit Wasser angerührt werden muss.

KOCHEN

Chili sin Carne

Üblicherweise kennt man Chili con Carne, also die Variante mit Hackfleisch. Da dies bei einem Blackout nicht oder nur sehr schwer frisch zu bekommen ist, eignet sich die fleischlose Variante hervorragend, um dieses leckere fleischlose Gericht dennoch zuzubereiten. Denn es schmeckt genauso lecker, und wenn man es nicht weiß, schmeckt man den Unterschied kaum.

Hat man noch Hackfleisch aus der Tiefkühltruhe, das durch den Stromausfall auftaut, ersetzt man die Brotwürfel mit dem Fleisch. Hierzu das Fleisch zuerst komplett anbraten und dann wie im Rezept weiterverfahren.

Zutaten (für 4 Personen):

Getrocknete Brotwürfel (bevorzugt Grau- oder Roggenbrot)
4 Zwiebeln (sofern vorhanden frisch, sonst 1 Glas Silberzwiebeln, kurz abgespült)
500 g Kidney-Bohnen
2 EL Tomatenmark
400 g (1 Tetra Pak) passierte Tomaten (alternativ 1 mittlere Dose stückige Tomaten)
Salz
Pfeffer
Kreuzkümmel
2 Zehen Knoblauch (sofern vorhanden, sonst Knoblauchpulver)
Chili
evtl. (Oliven-)Öl zum Anbraten

Weitere mögliche Zutaten:

Mais, Baked Beans, Saubohnen, weiße Bohnen (bei Verwendung anderer Bohnen, die gleiche Menge Kidney-Bohnen weglassen), Paprikawürfel (eingelegte Paprika grob kleinschneiden)

Zubereitung:

Einen Teil der Brotwürfel kurz in Öl anbraten. Anschließend die gehackten Zwiebeln zugeben, glasig werden lassen und alles mit Salz, Pfeffer, Kreuzkümmel und Chili würzen. Danach Tomatenmark kurz mit anbraten lassen und den gehackten Knoblauch zugeben. Dann kommen die Bohnen aus der Dose und die passierten Tomaten hinzu. Den Tetra Pak der passierten Tomaten mit Wasser auffüllen, die Reste lösen und ebenfalls mit in den Topf gießen. Nun den Rest der Brotwürfel hinzugeben. Diese Würfel dürfen ruhig etwas zerkochen, um eine gewisse Sämigkeit zu erzeugen. Alles gut durchrühren und bei kleiner Hitze rund 10 bis 15 Minuten köcheln lassen.

Tipp: Am besten eignet sich dazu Roggen- oder Roggenmischbrot, da es das Gericht herzhafter macht. Weißbrot zerkocht zu stark, weshalb ich davon abrate.

Tipp:

Sind (auch) Speckwürfel vorhanden, können auch sie für das Chili verwendet werden, denn sie machen das Gericht noch herzhafter. Dann zuerst die Speckwürfel anbraten und dann die Brotwürfel dazugeben.

Tomatensoße für Nudeln, Reis, Kartoffeln etc.

Zutaten (für 3 bis 4 Personen):

1 Zwiebel (sofern vorhanden frisch, sonst 10 bis 12 Silberzwiebeln oder gefriergetrocknete Zwiebeln)
400 g (1 Tetra Pak) passierte Tomaten, alternativ 1 Dose stückige Tomaten
2 EL Tomatenmark
Salz
Pfeffer
Paprikapulver
1 Knoblauchzehe oder Knoblauchpulver (nach Belieben)
Kräuter (Oregano, Thymian, Basilikum oder italienische Kräutermischung)
(Oliven-)Öl zum Anbraten

Zubereitung:

Die Zwiebel in Würfel schneiden und im Öl glasig anschwitzen. Bei Verwendung von getrockneten Zwiebeln diese erst später in die Soße geben. Das Tomatenmark in den Topf geben, etwas anbraten lassen und mit den Zwiebeln vermischen. Dann die passierten Tomaten hinzugeben und mit Salz, Pfeffer, Paprika und den Kräutern würzen. Wenn Knoblauch verwendet werden soll, diesen fein gehackt oder durch die Knoblauchpresse gedrückt ebenfalls hinzugeben. Alternativ Knoblauchpulver verwenden. Das Ganze rund 10 Minuten auf kleiner Flamme bei geschlossenem Deckel köcheln lassen, ab und zu umrühren, damit nichts anbrennt.

Tipp:

Die Soße eignet zum Aufheben in Schraubgläsern. Dazu die heiße Soße in ein heiß ausgewaschenes Glas geben, den ebenfalls heiß abgespülten Deckel aufschrauben, das Glas auf den Kopf stellen und abkühlen lassen.

Kartoffelpüreesuppe
(mit Erbsen, mit Speck oder Würstchen)

Kartoffelpüreepulver ist sicher nicht jedermanns Sache. Dennoch ist es gut für den Notvorrat geeignet, da selbst geöffnete Beutel gut verschlossen noch bis zu 3 Monate und länger haltbar sind. Ungeöffnet lassen sie sich auch noch weit nach dem angegebenen Mindesthaltbarkeitsdatum verwenden. Ein weiterer Vorteil besteht darin, dass sich aus dem Pulver schnell etwas zubereiten lässt – nicht nur Kartoffelpüree. Außer es zu einer Suppe zu verarbeiten kann man das Pulver beispielsweise auch als Zutat für einen Brotteig verwenden oder Soßen damit andicken.

Zutaten (für 3 bis 4 Personen):

1–2 Portionsbeutel Kartoffelpüreepulver (Mengenangaben des Herstellers beachten und eher etwas mehr verwenden, meist sind pro Beutel 3 Portionen angegeben)
0,8–1,2 l Wasser (je nach gewünschter Konsistenz, ein Teil des Wassers kann alternativ durch Milch ersetzt werden)
2 TL getrocknete Zwiebeln
1–2 TL Instant-Brühe (nach Vorrat oder Belieben)
Salz
Pfeffer
Paprika
Getrocknete Kräuter oder getrocknetes Suppengemüse

Nach Belieben oder Vorrat:

Erbsen, Karotten oder anderes Gemüse (aus der Dose)
Speckwürfel
Würstchen

Zubereitung:

Das Wasser (wenn verwendet, dann mit der Milch) zusammen mit den getrockneten Zwiebeln, der Instant-Brühe und den getrockneten Kräutern oder dem Suppengemüse aufkochen. Den Kocher ausschalten und das Püreepulver, Salz, Pfeffer und Paprika einrühren und quellen lassen.

Anschließend die anderen Zutaten zugeben und mit der Suppe nochmal kurz erwärmen. Würstchen vorab in mundgerechte Stücke schneiden, Speck kurz anbraten.

Reispfanne indisch

Für eine Reispfanne lässt sich so ziemlich alles verwenden, was der (Not-) Vorrat hergibt. Daher sind der Fantasie letztlich nur die Grenzen des eigenen Geschmacks und durch die Verfügbarkeit der Zutaten gesetzt. Ob also Fisch, Meeresfrüchte, Nüsse, getrocknete Feigen, Schwarzwurzeln oder andere Zutaten, alle lassen sich für die Zubereitung einer Reispfanne verwenden. Außerdem kann man bei diesem Gericht auch hervorragend mit Gewürzen spielen und erreicht trotz gleicher Zutaten dennoch verschiedene Geschmacksrichtungen. Ob also lieber indisch, doch eher italienisch oder eher arabisch angehaucht, unzählige Variationen sind möglich.

Zutaten (für 3 bis 4 Personen):

200–250 g Reis
300–375 ml Wasser
1 Zwiebel (sofern vorhanden frisch, sonst 2 TL gefriergetrocknete Zwiebeln)
1 kleine Dose Erbsen
1 kleine Dose Ananas
½ Glas eingelegte Paprika (Glas mit ca. 300 g)
1 Dose Corned Beef, Rind- oder Schweinefleisch
1 EL Rosinen
1 EL Öl
1,5 TL Instant-Brühe (nach Vorrat oder Belieben)
Salz
Pfeffer
Paprika
Curry
Evtl. getrocknete Petersilie oder Koriander

Zubereitung:

Den Reis kurz im heißen Öl anschwitzen und mit dem Wasser aufgießen. Wird frische Zwiebel verwendet, diese vorab im Öl glasig werden lassen, bevor der Reis zugegeben wird. Getrocknete Zwiebel zusammen mit dem Wasser und der Instant-Brühe zugeben. Die Rosinen und die Gewürze hinzugeben und den Reis auf kleiner Flamme etwa 20 Minuten köcheln oder im Topf (evtl. in der Kochkiste) garziehen lassen.

Die übrigen Zutaten in erbsengroße Würfel schneiden (das Fleisch etwas größer) und nach etwa 15 Minuten unter den Reis mischen. Lässt man den Reis garziehen, die Zutaten nach 10 bis 12 Minuten zugeben und den Topf nochmal kurz erhitzen, bevor man den Reis weiter ziehen lässt. Vor dem Servieren die Petersilie oder den Koriander untermischen.

Reis mit Bohnen

Ob auf Kuba, in Spanien, in Mexiko, der Türkei, Brasilien, im arabischen Raum oder auf den karibischen Inseln: Gerichte mit Reis und Bohnen sind unverzichtbarer Bestandteil der jeweiligen Landesküchen. Und beide Zutaten sind perfekt für die Blackout-Küche geeignet. Denn Reis ist ein Lieferant für Kohlenhydrate und damit für Energie, die Bohnen dagegen sind vor allem reich an pflanzlichen Proteinen, womit sie unter anderem für den Erhalt der Muskeln sorgen. Daneben enthalten sie Vitamine wie Vitamin B2, Vitamin B6 und Beta-Carotin. Auch Mineralstoffe kommen in Bohnen vor, unter anderem Kalium, Kalzium und Magnesium. Außerdem lassen sich beide Lebensmittel problemlos über längere Zeit lagern und einfach zubereiten. Bohnen und Reis sind daher gute Zutaten für eine Notfall-Mahlzeit.

Zutaten (für 3 bis 4 Personen):

200–250 g Reis
300–375 ml Wasser
1 mittlere Dose rote Bohnen
1 mittlere Dose stückige Tomaten
1 Zwiebel (sofern vorhanden,
sonst 2 TL gefriergetrocknete Zwiebeln)
5–6 Streifen eingelegten Paprika
1 TL Knoblauchpulver (wenn vorhanden
alternativ 1 Knoblauchzehe)
Salz
Pfeffer
Paprika
Chilipulver oder -flocken

Nach Belieben oder Vorrat:
Rind- oder Schweinefleisch aus der Dose

Zubereitung:

Die Zwiebel fein würfeln und in etwas Öl anschwitzen. Anschließend die Tomate und die in Würfel geschnittene Paprika zugeben. Werden getrocknete Zwiebeln verwendet, diese erst nach den Tomaten zufügen. Das Knoblauchpulver oder den fein gehackten Knoblauch, den Reis und die Bohnen zugeben und alles vermischen.

Mit dem Wasser aufgießen und nach Belieben mit Salz, Pfeffer, Paprika und Chili würzen. Alles aufkochen und entweder bei mittlerer Hitze 20 Minuten kochen oder im Topf (evtl. in der Kochkiste) garziehen lassen.

Wird auch Dosenfleisch verwendet, kann dies bereits zusammen mit dem Reis und den Bohnen zugegeben werden.

Erbsen-Kartoffel-Topf

Sowohl Kartoffeln als auch Dosenerbsen gehören in den Notvorrat. Kartoffeln sind reich an Kohlenhydraten, Eiweiß, Kalium, Magnesium und Eisen. Auch die Vitamine B1, B2 und C stecken reichlich in der Knolle. Erbsen enthalten Eiweiß, Ballaststoffe, Kohlenhydrate und viele Vitamine und Mineralstoffe. Dazu gehören zum Beispiel Vitamin E, B und Beta-Carotin sowie Magnesium, Eisen, Phosphor, Kalzium und Zink. Zusammen zubereitet ergeben sie eine leckere Mahlzeit, die obendrein auch noch satt macht.

Zutaten (für 3 bis 4 Personen):

5 etwa faustgroße Kartoffeln oder die entsprechende Menge Kartoffeln aus dem Glas
1 kleine Dose Erbsen
1 guter Schuss Milch
2 EL Olivenöl
1 gute Prise getrockneten Estragon oder andere getrocknete Kräuter
1 Prise Zucker
Salz
Pfeffer

Zubereitung:

Die Kartoffeln in erbsengroße Würfel schneiden und in wenig Salzwasser zusammen mit dem Estragon garkochen oder im Topf (evtl. in der Kochkiste) garziehen lassen. Abschütten und anschließend das Öl über die Kartoffel träufeln und alles kurz vermengen. Die Milch und die Erbsen mitsamt der Flüssigkeit aus der Dose untermischen und alles erwärmen (nicht kochen), etwas salzen, mit dem Zucker abschmecken und mit Pfeffer aus der Mühle würzen.

Dazu passen zum Beispiel Würstchen oder auch Fischkonserven. Alternativ kann man auch – sofern vorhanden – kurz angebratene Speckwürfel untermengen.

Tipp:

Etwas Milch, Milchpulver, Dickmilch oder Sauerrahm machen das Gericht gehaltvoller und schmackhafter.

Kartoffel-Sauerkrautpfanne mit gebratenen Würstchen

Sauerkraut ist nicht nur reich an Milchsäure, Mineralstoffen und den Vitaminen A und B sondern auch an Vitamin C, was an der im Kohl gebundenen Ascorbinsäure liegt. Im Sauerkraut sogar in höherer Konzentration als im rohen Kohl. Allerdings werden die Vitamine durch zu langes Kochen zerstört, weswegen die Methode des Garziehens schonender ist als das Kochen auf der Flamme. Abgesehen davon lässt sich Sauerkraut natürlich auch prima direkt aus der Dose essen, wenn man auf gar keinen Fall Vitamine einbüßen möchte. Der Effekt dürfte jedoch eher marginal ausfallen.

Zutaten (für 3 bis 4 Personen):

1 mittlere Dose oder Glas Würstchen
1 große Dose oder Packung Sauerkraut
1 mittleres Glas Kartoffeln (alternativ 6–8 frische Kartoffeln, je nach Größe)
½ l Gemüsebrühe
1 EL Öl
Salz
Pfeffer
Kümmel

Zubereitung:

Die Würstchen in fingerdicke Scheiben schneiden, die Kartoffeln in mundgerechte Stücke. Die Würstchen in Öl kross anbraten, die Kartoffelwürfel dazugeben und kurz mitbraten.

Nun das Sauerkraut zugeben, alles durchmengen und 2 bis 3 Minuten weiterbraten. Anschließend die Brühe, das Salz und den Kümmel zugeben und nochmal alles vermischen. Anschließend bei geschlossenem Deckel so lange bei kleiner Hitze schmoren oder in der Pfanne (evtl. in der Kochkiste) garziehen lassen, bis die Kartoffeln weich sind.

Bei Kartoffeln aus dem Glas geht das schneller, frische Kartoffeln brauchen etwas länger. Anschließend mit Pfeffer abschmecken.

Tipp:

Wer die Würstchen nicht anbraten möchte, kann sie auch erst zusammen mit dem Sauerkraut in die Pfanne geben.

Kichererbsen-Früchte-Curry

Viel schneller geht es kaum. Ein paar Dosen aufmachen, alles zusammenkippen und erhitzen. So unspektakulär diese etwas drastische Formulierung der Zubereitung erscheint, so perfekt ist dieses Gericht für die Notfall-Küche geeignet, die mit wenig Brennstoff auskommen muss.

Alle Zutaten sind lange haltbar und sollten im Notvorrat vorhanden sein. Abgesehen davon ist dieses Gericht der Beweis, dass ein Essen auch lecker sein kann, wenn es nicht aufwändig zubereitet wurde.

Zutaten (für 2 bis 3 Personen):

1 mittlere Dose Kichererbsen
1 mittlere Dose stückige Tomaten
1 kleine Dose Pfirsiche (oder andere Dosenfrüchte)
1 Zwiebel (sofern vorhanden, sonst 2 TL gefriergetrocknete Zwiebeln)
2 EL Rosinen
1 EL (Oliven) Öl
1 TL Knoblauchpulver (wenn vorhanden alternativ 1 Knoblauchzehe)
Salz
Pfeffer
Chilipulver oder -flocken
Kreuzkümmel
getrocknete Petersilie oder Koriander

Zubereitung:

Die Zwiebel fein würfeln und in etwas Öl anschwitzen. Von den Kichererbsen die Hälfte vom Wasser in der Dose abschütten (eventuell aufbewahren, um damit Soßen anzudicken oder beim Brotbacken zu verwenden) und die Kichererbsen zugeben.

Werden getrocknete Zwiebeln verwendet, diese erst nach den Kichererbsen zufügen. Anschließend die Pfirsiche oder das Obst in mundgerechte Stücke schneiden und mit den Tomaten und den Rosinen unter die Kichererbsen mischen.

Mit den Gewürzen abschmecken, erhitzen und 10 Minuten garziehen lassen. Die Petersilie oder den Koriander kurz vor dem Servieren untermengen.

Bauernfrühstück

Früher, als dem Vernehmen nach ja noch alles besser gewesen sein soll, standen Bauern meist schon kurz vor Sonnenaufgang im Stall, haben ausgemistet, das Vieh versorgt, gemolken und andere Dinge erledigt. Nach dieser anstrengenden Arbeit war ein kräftiges Frühstück angesagt. Da Zutaten wie Kartoffeln, Zwiebeln, Speck, Eier und Milch zu den Lebensmitteln gehörten, die wohl in jedem landwirtschaftlichen Betrieb vorhanden waren, erhielt das Frühstück aus diesen Zutaten seinen Namen, den es heute noch trägt: Bauernfrühstück.

Diese Zutaten, die es früher auf jedem Hof gab, eignen sich natürlich auch hervorragend für den Notvorrat. Und das Gericht darf auch gern am Abend gegessen werden – natürlich auch von Menschen, die nicht schon morgens um 5 Uhr im Stall gestanden und gearbeitet haben.

Zutaten (für 2 Personen):

4 mittelgroße Kartoffeln (oder die entsprechende Menge Kartoffel aus dem Glas)
4 Eier (oder die entsprechende Menge Volleipulver mit Wasser angerührt)
50 ml Milch
1 Zwiebel (sofern vorhanden, sonst
2 TL gefriergetrocknete Zwiebeln)
2 EL Öl
Salz
Pfeffer
getrocknete Petersilie oder Schnittlauch

Nach Belieben oder Vorrat:
Etwa 150–200 g Speckwürfel, Corned Beef, Würstchen oder Frühstücksfleisch

Zubereitung:

Kartoffeln in dünne Scheiben, Zwiebeln in Ringe schneiden. Die Eier oder das nach Packungsvorgabe angerührte Volleipulver mit der Milch verquirlen.

Die Kartoffelscheiben in einer Pfanne mit Öl knusprig anbraten und die Zwiebeln sowie die Speckwürfel oder die kleingeschnittenen Würstchen hinzugeben und einige Minuten mitbraten, bis die Zwiebeln anfangen glasig zu werden. Werden getrocknete Zwiebeln verwendet, diese vorab einweichen und erst dann zugeben, wenn die Speckwürfel oder Würstchen angebraten sind.

Nun die Eiermilch hinzugießen, mit Salz, Pfeffer und den getrockneten Kräutern würzen und alles grob miteinander vermengen. Werden Corned Beef oder Frühstücksfleisch verwendet, dieses – grob zerteilt– erst jetzt unterheben. Die Masse bei geschlossenem Deckel und mittlerer Hitze stocken lassen. Auch hier kann die Flamme abgedreht und die Pfanne in eine Kochkiste gestellt werden, bis das Ei fest ist.

Dazu passen (selbstgebackenes) Brot und saure Gurken als Beilage.

Shakshuka

Tipp:

Sind keine frischen Eier vorhanden, kann man das Gericht natürlich auch ohne zubereiten oder Würstchen aus der Dose in der Tomatensoße erwärmen.

Shakshuka ist ein Klassiker aus Nordafrika, gilt aber vor allem als israelisches Nationalgericht. Aus dem Arabischen übersetzt bedeutet Shakshuka so viel wie »Mischung«. Üblicherweise wird es mit frischen Tomaten, Chilischoten und Zwiebeln zubereitet. Der Paprika in dem Gericht ist eine der Varianten davon. Bei anderen werden Merguez-Würste oder Chorizo verwendet. Dosentomaten eignen sich jedoch nicht nur hervorragend für die Blackout-Küche, sondern auch, wenn es mal schnell gehen muss.

Zutaten: (für 4 Personen)

3 mittlere Dosen stückige Tomaten à 400 g
2 Zwiebeln (sofern vorhanden, sonst 4 TL gefriergetrocknete Zwiebeln)
1–2 TL Knoblauchpulver (wenn vorhanden alternativ 1–2 Knoblauchzehen)
1 mittleres Glas eingelegte Paprika
4 Eier (hier müssen es frische sein)
3 EL Tomatenmark
2 EL (Oliven) Öl
1 TL Knoblauchpulver (wenn vorhanden alternativ 1 Knoblauchzehe)
Salz
Pfeffer
Paprika
Kreuzkümmel oder Garam Masala
getrocknete Petersilie oder Koriander

Zubereitung:

Die Zwiebeln in Würfel schneiden und in Öl anschwitzen. Das Tomatenmark hinzufügen und kurz mitbraten. Danach die Tomaten in den Topf geben und den Knoblauch (frischen Knoblauch fein hacken oder durch die Knoblauchpresse drücken) unterrühren.

Werden getrocknete Zwiebeln verwendet, diese zusammen mit dem Knoblauch unter die Tomaten mengen. Die Paprika je nach Belieben in schmale Streifen (sofern erforderlich) oder grobe Würfel schneiden und ebenfalls untermengen.

Die Gewürze und Kräuter nach Geschmack hinzufügen, alles gut durchrühren und auf mittlerer Flamme 5 bis 10 Minuten köcheln lassen. Anschließend 4 Mulden in die Flüssigkeit drücken und die aufgeschlagenen Eier vorsichtig hineingleiten lassen. Das Eigelb sollte dabei unversehrt bleiben.

Nun einen Deckel aufsetzen und die Eier je nach Wunsch stocken lassen, bis das Eiweiß fest ist. Für ein weiches Eigelb sollten etwa 10 Minuten ausreichen, ein festes benötigt länger.

Auch hier bietet es sich an, den Topf in eine Kochkiste zu stellen, um die Hitze länger zu halten. Wer will, kann nach der Zugabe der Eier noch einmal getrocknete Kräuter über das Gericht streuen, damit sie während des weiteren Garprozesses weich werden.

Dazu passt Weißbrot oder mit Sesam gebackenes Fladenbrot. Natürlich kann man auch jedes andere Brot dazu essen.

Indische Linsensuppe

Rote oder gelbe Linsen haben eine kurze Garzeit und eignen sich daher besser für den Notvorrat als andere Linsensorten. Sie müssen aufgrund ihrer kurzen Garzeit auch nicht vor dem Kochen eingeweicht werden. Wer es dennoch tun will, kann sie zusammen mit kochendem Wasser in einen Thermobehälter geben und 10 Minuten ziehen lassen. Dann sollten sie schon fast gar sein, und das Gericht muss nur noch kurz gekocht werden.

Zutaten (für 3 bis 4 Personen):

250 g getrocknete rote oder gelbe Linsen
1 kleine Dose Karotten
0,75–1 l Instant-Brühe (nach Vorrat oder Belieben und je nach gewünschter Konsistenz)
1 Zwiebel (sofern vorhanden, sonst 2 TL gefriergetrocknete Zwiebeln)
1 TL Knoblauchpulver (wenn vorhanden alternativ 1 Knoblauchzehe)
1 EL Öl
Salz
Pfeffer
Curry oder Garam Marsala
getrocknete Petersilie oder Koriander

Zubereitung:

Die kleingehackte Zwiebel in Öl anschwitzen, mit Wasser auffüllen und die Linsen zugeben. Werden getrocknete Zwiebeln verwendet, diese erst zusammen mit den Linsen zufügen.

Nach etwa 5 Minuten die Karotten mit der Flüssigkeit zugeben und weitere 5 Minuten weiterkochen, bis die Linsen gar sind. Lässt man das Gericht in einer Kochkiste garziehen, können die Karotten schon direkt mit den Linsen in den Topf.

Gewürzt und vor allem gesalzen wird erst zum Schluss, da Salz die Kochzeit bei Linsen verlängert. Frischer Knoblauch kann jedoch schon mit den Zwiebeln hinzugegeben werden.

BACK-REZEPTE

Tipps:

Der Teig kann problemlos mit Gewürzen, Zwiebeln, Oliven oder Speckwürfeln verfeinert werden. Wird das Fladenbrot zum Beispiel als Beilage zu Shakshuka verwendet, können die Fladen vor dem Backen von beides Seiten in einige Körner Sesam gedrückt werden. Beim Backen dann besonders darauf achten, dass die Sesamkörner nicht schwarz werden.

Fladenbrot aus der Pfanne

Zutaten: (für 8 kleine Brote)

300 g Mehl
150–180 ml Wasser oder Milch
1 TL Backpulver
1 TL Salz
1 EL Öl

Zubereitung:

Alle Zutaten in eine Schüssel geben und einen glatten, elastischen Teig kneten. Der Teig sollte nicht mehr kleben aber auch nicht zu trocken sein. Gegebenenfalls etwas Mehl oder Wasser hinzufügen, bis die gewünschte Konsistenz erreicht ist. Den Teig anschließend etwa 10 bis 15 Minuten ruhen lassen.

Nun den Teig in 8 gleichgroße Stücke teilen, zu einer Kugel rollen und so lange flach drücken oder mit dem Nudelholz ausrollen, bis ein Fladen von 1 bis maximal 2 Zentimeter Dicke entstanden ist.

Danach etwas Öl in einer Pfanne erhitzen und die Fladen nacheinander bei mittlerer Hitze von beiden Seiten ausbacken, bis er leicht aufgeht. Dabei darauf achten, dass die Fladen nicht anbrennen.

Dinkel-Roggenbrot mit Körnern im Omnia

Das Schöne an diesem Dinkel-Roggen-Vollkornbrot ist, dass es nicht gehen muss. Das heißt üblicherweise: Zutaten zusammenrühren, Teig in die Backform und ab in den Ofen. Allerdings erzielt man wesentlich bessere Ergebnisse, wenn man den Teig länger führt, ihn also länger gehen lässt. Notwendig ist es jedoch nicht unbedingt. Da der strombetriebene Backofen bei einem Blackout jedoch nicht funktioniert, ist der Campingbackofen Omnia eine perfekte Alternative, um dennoch Brot backen zu können. Das Brot erhält dabei zwar eine runde, kuchenähnliche Form, doch es ist und bleibt ein Brot.

Zutaten (für das Backen im Omnia-Ofen für ein Brot von 500 bis 600 Gramm):

200 g (grobes) Dinkelmehl
100 g (grobes) Roggenmehl
100 g Körner (z. B. Dinkelkörner, Buchweizen, Leinsamen, Sonnenblumen- oder Kürbiskerne)
250–275 ml Wasser
7 g Salz
½ Würfel Hefe oder ½ Päckchen Trockenhefe
1 EL Apfel- oder Obstessig
Etwas Öl zum Ausstreichen der Form

Zubereitung:

Das Mehl, das Salz und die Körner in einer Schüssel vermischen. Eine Kuhle in die Mitte drücken, die Hefe hineingeben und mit etwas Wasser verrühren, bis sie sich aufgelöst hat.

Nun den Essig und etwa ¾ der Wassermenge zugeben. Anschließend mit den Händen zu einem Teig kneten. Der Teig soll, im Gegensatz zu Hefeteig, noch klebrig sein. Ist er zu trocken, mit dem Rest des Wassers aufgießen. Wenn er sich von der Schüssel und den Händen lösen lässt, aber dennoch klebt, stimmt die Mischung.

Den unteren Edelstahlring des Omnia auf der Flamme vorheizen. Den Teig nun in die mit Öl ausgestrichene Backform* umfüllen und die Form auf den Gaskocher stellen. Die Flamme des Kochers nun auf mittlere Stufe einstellen. Ist sie zu hoch, kann das Brot unten verbrennen. Gegebenenfalls also nachregulieren.

Im heimischen Backofen in einer Kastenform benötigt dieses Brot bei 200 Grad rund 60 Minuten. Im Omnia etwas länger. Für die Backzeit muss man daher mit etwas mehr als 1 Stunde rechnen. Daher nach 60 Minuten mit einem Schaschlik-Spieß in das Brot stechen. Bleibt noch Teig am Spieß, das Brot noch etwas länger backen lassen.

Tipp 1:

1–2 EL Kräuter im Teig, wie zum Beispiel Kräuter der Provence, geben dem Brot zusätzlich eine würzige Note. Statt reinem Salz kann daher auch gut Kräutersalz verwendet werden.

Tipp 2:

Das Brot lässt sich auch hervorragend in der Petromax Kastenform K4 backen. Diese Form kann nämlich zum Backen in die Glut gestellt werden. Dafür benötigt man glücklicherweise weder ein großes Lagerfeuer noch einen Kamin. Der einfache Gartengrill aus dem Baumarkt reicht vollkommen aus.

*Der Hersteller des Backofens empfiehlt die Form zusätzlich mit Semmelbröseln auszustreuen. Meiner Erfahrung nach ist das jedoch nicht notwendig. Außerdem sind separate Silikoneinsätze für den Omnia erhältlich. Damit lässt sich das fertig gebackene das Brot problemlos aus dem Omnia herausnehmen.

Für die Kastenform die Zutaten verdoppeln und wie oben beschrieben verfahren. Zum Backen werden glühende Kohlen unter und auf der Form platziert. Die Backzeit beträgt auch hier ungefähr 60 Minuten. Petromax gibt für den K4 bei 9 Kohlebriketts oben und 5 unten eine Temperatur von 200 bis 225 Grad Celsius an. Da jedoch Kohle nicht gleich Kohle ist und es darauf ankommt, ob die Briketts zu Beginn schon durchgeglüht sind, wie lange sie glühen und ob es draußen 30 Grad im Schatten oder feuchtkalte und windige sechs Grad hat, kann das nur ein Näherungswert sein.
Daher sollte man gegen Ende der Backzeit immer wieder die Probe mit dem Spieß durchführen. Dabei jedoch die Backform nicht länger als nötig offenlassen, da die Hitze nach oben entweicht.

Von Petromax und anderen Herstellern sind außerdem auch runde Gusstöpfe in verschiedenen Größen erhältlich, in denen sich auf Kohlen oder über dem offenen Feuer kochen lässt. Diese Töpfe werden auch als Dutch Oven bezeichnet und sind im Set oft schon für wenig Geld zu bekommen.

Tipp 3:

Sowohl im Omnia als auch im Petromax-Topf lassen sich auch hervorragend Aufläufe zubereiten. Da das Backen auf dem Gaskocher jedoch viel Brennstoff verbraucht, sollte man bei einem Stromausfall über ausreichend davon verfügen oder sich überlegen, ob es sparsamere Zubereitungsmöglichkeiten gibt. Jedoch glühen Kohlen, einmal angezündet, bis sie komplett verbrannt sind. Hier ist die Gussform also im Vorteil.

Ein Brot lässt sich auch mit Sauerteig backen, ganz ohne Hefe. Den Sauerteig kann man problemlos selbst ansetzen.

Sauerteig ansetzen

100 g Roggenvollkornmehl und lauwarmes Wasser zu einem dickflüssigen Teig (ähnlich wie Waffelteig) verrühren. Wer doch Hefe zur Verfügung hat oder verwenden möchte, der kann etwa 3 EL Buttermilch und ganz wenig Hefe als Starter hinzugeben. Nötig ist es nicht, beschleunigt aber die Sauerteigbildung. Das Ergebnis ist identisch.

In einer Schüssel zugedeckt an einem warmen Ort (ideal bei 25 bis 30 Grad Celsius) etwa 24 Stunden stehen lassen.

Nach 24 Stunden wieder 100 g Mehl und Wasser zugeben. Gut durchrühren und wieder 24 Stunden stehen lassen.
So lange wiederholen, bis der Teig säuerlich riecht. Im Teig, der am Löffel kleben bleibt, sollten sich deutlich sichtbare Bläschen befinden. Das dauert meist drei bis fünf Tage.

Aufbewahrung:

Nicht verbrauchte Reste lassen sich zum Ansetzen eines neuen Sauerteigs aufbewahren.

Kühl lagern: In einem Glas kann der Ansatz bis zum nächsten Backen für einige Tage im Kühlschrank aufbewahrt werden.

- Trockenlegen: Der übrig gebliebene Sauerteig kann zusammen mit Mehl so lange zwischen den Händen zerrieben werden, bis eine krümelige und trockene Masse entsteht. Sie lässt sich in einem Gefäß an einem kühlen, trockenen Ort mehrere Wochen lagern.
- Einfrieren: Sauerteig lässt sich problemlos über längere Zeit einfrieren und kann nach dem Auftauen uneingeschränkt wiederverwendet werden.
- Trocknen: Der Sauerteig kann dünn auf ein Backpapier aufgestrichen und so getrocknet werden. Die so entstandenen Sauerteigflocken sind nahezu unbegrenzt haltbar.

Sauerteig mit Sauerteigansatz herstellen

Diese Methode funktioniert wie beim Sauerteig-Ansatz, jedoch entfällt das Warten auf die Bildung des Sauerteigs.

Sauerteigbrot

Zutaten
(für ein Brot von ca. 900 g):

700 g Sauerteig
500 g Dinkel- oder Weizenvollkornmehl
1 Würfel Hefe
20 g Salz
¼ l lauwarmes Wasser

Zubereitung:

Zuerst Sauerteig, dann Mehl in eine Schüssel geben und in der Mitte eine Kuhle eindrücken. Den Hefewürfel hineinbröseln und mit etwas lauwarmen Wasser verrühren. Salz am Rand in das restliche Mehl streuen, das restliche Wasser hinzufügen und den Teig kneten. Der Teig bleibt relativ feucht.

An einem warmen Ort (Zimmertemperatur) zugedeckt gehen lassen, bis er sich verdoppelt hat, was etwa 2 Stunden dauern kann. Danach den Teig in eine gefettete Kastenform füllen und bei 200 Grad 60 Minuten backen. Alternativ kann man den Teig auch gleich in der Kastenform gehen lassen.

Das Rezept funktioniert auch mit Roggen- statt mit Dinkelmehl. Mit Roggenmehl geht aber der Teig weniger auf. Eventuell muss man noch etwas mit dem Verhältnis Sauerteig/Mehl spielen oder den Teig noch länger gehen lassen.

Rezepte im Internet geben meist eine weitaus niedrigere Menge an Sauerteig an. Das Verhältnis Sauerteig:Mehl liegt hier oft bei 1:5.

Der Anteil des Sauerteiges bestimmt, ob man das Brot eher kräftiger oder eher milder mag. Daher werden – je nach Geschmack zwischen 25 und 50 % der Roggenmehlmenge versäuert. Wird etwa $^{1}/_{3}$ des Mehls versäuert, entsteht ein mild-feinsaures Brot. Durch die relativ geringe Menge an Sauerteig benötigt der Teig dabei dann ausreichend Zeit, um zu gehen und an Volumen zuzunehmen.

Brot im Kochtopf mit Teelichten gebacken

Zutaten
(für 1 Brot mit ungefähr 600 bis 700 g):

450 g (Weizen-)Mehl
1 Päckchen Trockenhefe
280–300 ml lauwarmes Wasser
1,5 TL Salz

Das Mehl mit dem Salz vermischen, anschließend eine kleine Kuhle in die Mitte drücken. Die Hefe in die Kuhle streuen, und mit etwas Wasser verrühren. Anschließend das restliche Wasser zugießen und mit dem Mehl verrühren, bis sich eine feste Masse ergibt.

Da der Mixer mit dem Knethaken mangels Strom nicht funktioniert, heißt es nun, den Teig mit den Händen zu kneten wie unsere Vorfahren. Das geht am besten auf einer leicht bemehlten Arbeitsplatte. Ist der Teig zu feucht und bleibt an den Händen kleben, gibt man noch etwas Mehl dazu. Ist er zu trocken und krümelig, braucht er noch etwas Wasser.

Hat man eine weiche, leicht knetbare Masse, die nicht oder nur ganz leicht klebt, ist der Teig fertig und muss gehen. Dazu stellt man ihn für 45 bis 50 Minuten abgedeckt an einen möglichst zimmerwarmen Ort. Nach dieser Zeit sollte er sich verdoppelt haben.

Die Basis für den Notfall-Backofen bildet eine feuerfeste Unterlage mit Teelichten darauf. Das Gitter darüber wird so platziert, dass die Flamme der Kerzen möglichst nah am Topf brennt.

Der größere Topf oder ein Bräter werden auf das Gitter gestellt. Auf den Boden legt man eine Handvoll Schrauben oder Muttern, die dafür sorgen, dass die Hitze zirkulieren kann.

Auf die Schrauben kommt die Backform, anschließend wird noch der Deckel des Bräters aufgesetzt.

Nun wird der Teig nochmal kurz durchgeknetet und in die Backform oder den kleinen Topf gegeben. Form oder Topf sollten vorab möglichst ausgefettet werden, damit der Teig nicht daran kleben bleibt. Dazu eignen sich – sofern vorhanden – natürlich Butter oder Butterschmalz*, Pflanzenöl oder auch ein Stück Speckschwarte.

Jetzt lässt man den Teig abgedeckt nochmal 20 bis 30 Minuten gehen. In dieser Zeit wird der Notfall-Backofen vorgeheizt, da es eine Weile dauert, bis die rund 100 Grad erreicht sind. Ein Backofen-Thermometer gibt zwar Aufschluss über die tatsächliche Temperatur, ist aber nicht unbedingt nötig. Hält man die Hand leicht gegen den äußeren Topf, ohne ihn zu berühren, fühlt man, ob er schon heiß genug ist.
Nun stellt man das kleinere Gefäß auf die Schrauben oder Muttern im größeren Topf und schließt den Deckel.

Bei der Backzeit ist je nach Teigmenge von rund 2 Stunden auszugehen. Für die hier im Rezept angegebene Menge braucht das Brot diese Zeit, um fertig zu backen. Kleinere Teigmengen benötigen etwas weniger Zeit, aber auch hier muss man das Brot mindestens eine bis anderthalb Stunde im Notfall-Ofen backen lassen.
Nach dem Backen das Brot auskühlen lassen, bevor man es anschneidet, da es sonst leicht zerbröseln kann.

*Butterschmalz ist weit über das auf den Packungen angegebene Mindesthaltbarkeitsdatum hinaus genießbar. Grund für die lange Haltbarkeit ist der geringere Eiweiß- und Wassergehalt gegenüber normaler Butter. Daher lässt sich Butterschmalz bei kühler Lagerung gut in den Notvorrat integrieren.

Alternativ lassen sich auch ein großer und ein kleiner Topf zum Backen nutzen. Der Aufbau ist identisch.

Ohne Waage im Haus oder sind die Batterien der elektronischen Waage leer, lässt sich die erforderliche Menge Mehl mit einem Messbecher bestimmen.

Das Mehl wird in eine Rührschüssel gegeben und mit dem Salz vermischt. Anschließend ...

... drückt man eine Kuhle in die Mitte. Hier hinein kommt die Trockenhefe, ...

... die mit etwas Wasser verrührt wird. Anschließend wird das restliche Wasser zugegossen ,,,

... und alles miteinander verrührt, bis alle Zutaten miteinander vermengt sind.

Handarbeit ist angesagt, der Teig wird durchgeknetet. Ist er zu feucht, Mehl zugeben.

Am Ende sollte man eine weiche, nicht mehr klebrige Kugel bilden können, die ...

... man nun abgedeckt an einen zimmerwarmen Ort 45 bis 50 Minuten gehen lässt.

Danach sollte sich das Volumen in etwa verdoppelt haben.

Der Teig wird nun noch einmal kurz durchgeknetet,

... in die ausgefettete Form gedrückt, abgedeckt ...

... und nochmal für 20 bis 25 Minuten zum Gehenlassen beiseite gestellt. Während der Teig nochmals ruht, ...

... wird der Notfall-Backofen vorgeheizt. Um auf rund 100 Grad zu kommen, dauert es.

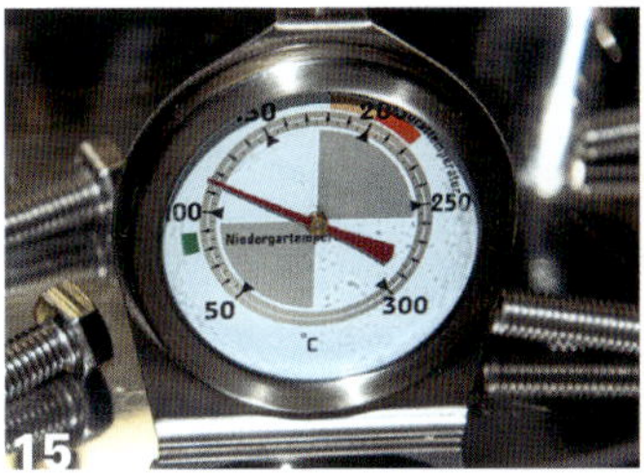

Im Maximum wird der Notfall-Backofen rund 130 Grad erreichen, weswegen die Backzeit verlängert werden muss.

Der Teig ist nach dem Ruhen nochmals aufgegangen und bereit für den Notfall-Backofen.

Da die Temperatur niedriger als beim Backen im Ofen ist, muss die Backzeit angepasst werden.

Das Ergebnis ist ein Brot mit zwar weicher Kruste, aber fester Krume.

KALTE KÜCHE

KALT

Dressing für verschiedene Salate

Zutaten
(für 1 Salat für 2 bis 3 Personen):

4 EL Essig
3 EL Öl
1 TL Senf (wahlweise 1 TL Tomatenmark)
1 TL Zucker oder Ahornsirup
Salz
Pfeffer
evtl. Paprikapulver

Nach Belieben oder Vorrat:
½ fein gewürfelte Zwiebel
oder 1–2 TL getrocknete Zwiebeln
getrockneter Schnittlauch
getrocknete Petersilie
getrocknete Salatkräuter

Zubereitung:

Den Senf in eine Schüssel geben, Zucker oder Sirup zugeben, mit Salz, Pfeffer und ggf. Paprika würzen und gut vermengen. Das Öl zugießen und mit dem Quirl gut vermischen, sodass eine Emulsion entsteht. Anschließend die Zwiebeln sowie die Kräuter zugeben und untermischen.

Kartoffelsalat

Rezepte für Kartoffelsalat gibt es unzählige. Von ganz klassisch bis extrem exotisch ist so ziemlich für jeden Geschmack etwas dabei. Das Schöne: Die Zubereitung ist wirklich einfach. Daher lässt sich auch im Notfall, wenn man nur begrenzte Zutaten zur Verfügung hat, etwas zaubern. Der eigenen Kreativität sind dabei kaum Grenzen gesetzt. Und mit ein paar getrockneten Kräutern und Gewürzen lässt sich selbst ein Blackout-Kartoffelsalat mit wenigen Zutaten etwas aufpeppen.

Zunächst wird das Dressing zubereitet, dann die Zwiebel

Zutaten: (für 2 bis 3 Personen)

4–5 mittelgroße Kartoffeln (wenn vorhanden frisch, sonst aus dem Glas, Abtropfgewicht ca. 400 g)
1 Zwiebel (sofern vorhanden frisch, sonst 10–12 Silberzwiebeln oder gefriergetrocknete Zwiebeln)
2 saure Gurken
Salz
Pfeffer
Paprika
Petersilie oder Schnittlauch (frisch oder getrocknet)
→ *Dressing*
Gemüsebrühe

Wahlweise oder nach Vorrat:
Erbsen aus der Dose
Karotten aus der Dose
Paprika aus dem Glas
Ananas aus der Dose

Zubereitung:

Die Kartoffeln schälen, halbieren und in Scheiben schneiden. In leicht gesalzenem Wasser kalt aufsetzen und bissfest kochen. In Scheiben geschnitten werden sie schneller gar. Ein weiterer Vorteil: Man verbraucht beim Kochen weniger Gas.

Wer jetzt denkt: »Aber unter der Schale sitzen doch die Vitamine!«, keine Sorge, das ist ein weitverbreitetes Märchen. Die Kartoffel hat direkt unter der Schale gar nichts versteckt, erst recht keine wertvollen Vitamine. Die stecken in der Knolle. Dort werden sie von der Schale geschützt. Unter anderem mit Solanin. Und das ist in höheren Konzentrationen giftig. Das ist zwar in Wasser löslich, sollte aber besser nicht dort gelöst werden, da das Wasser aufgehoben werden sollte. Da in ihm Stärke und andere Stoffe gelöst sind, lässt es sich zum Beispiel zum Backen oder zum Kochen von Reis verwenden. Denn in einer Krise sollte man nichts verschwenden. Verwendet man

KALT

und die Gurken kleingeschnitten.

Anschließend werden die Kartoffeln in Scheiben geschnitten. Werden sie frisch gekocht, kommen sie heiß in die Marinade.

Danach muss der Kartoffelsalat eine Weile durchziehen, damit die Kartoffeln den Geschmack der übrigen Zutaten annehmen.

Kartoffeln im Glas, wird das Wasser ebenfalls aufgehoben.
Das → Dressing zubereiten, anschließend etwas heiße Gemüsebrühe zugeben und alles vermischen.

Sind die Kartoffeln gar beziehungsweise die Kartoffeln aus dem Glas in Scheiben geschnitten, werden sie in die Schüssel gegeben und mit dem Dressing vermengt. Die gekochten Kartoffeln sollten dabei ruhig noch heiß sein, damit sie den Geschmack der übrigen Zutaten annehmen.

Zum Schluss fügt man noch einen guten Schuss Gurkenwasser hinzu und vermischt nochmal alles miteinander. Die optionalen Zutaten wie Karotten oder eingelegte Paprika, können mit den Kartoffeln zusammen oder später in die Schüssel gegeben werden.

Nun muss der Kartoffelsalat eine Weile ziehen, je länger, desto besser. Dabei immer wieder mit dem Salatbesteck oder dem Löffel durchmischen. Wird er zu trocken, weil die Kartoffeln die Flüssigkeit aufsaugen, etwas Gurkenwasser nachgießen. Dabei lieber öfter kleine Mengen angießen als einmal zu viel, damit der Salat nicht suppig wird.

Vor dem Servieren kann man den Kartoffelsalat noch mit Paprika oder Kräutern bestreuen. Schließlich darf das Auge auch in einer Notsituation mitessen.
Dazu passen zum Beispiel Würstchen oder hartgekochte Eier.

Essig, Öl und Senf bilden dabei die Basis für das Dressing. Wer Mayonnaise eingelagert hat, kann aber natürlich auch davon ein paar Löffel in die Salatsoße geben. Wenn man beim Abschmecken das Gefühl hat, dass etwas »Pfiff« fehlt – nur Mut und vorsichtig mit ein paar Gewürzen, Kräutern oder ½ TL Tomatenmark vorsichtig verfeinern. Das Tomatenmark macht den Salat nicht nur etwas fruchtiger, es enthält auch Vitamin C. Am Ende zählt jedoch, dass der Salat vor allem satt macht.

Erbsen-Paprika-Salat mit Essig-Öl-Dressing

Dieser Salat ist noch schneller, unkomplizierter und mit noch weniger Zutaten als der ein Kartoffelsalat zubereitet. Da er aus Zutaten besteht, die sehr lange aufbewahrt werden können, eignet er sich perfekt für die Blackout-Küche.

Gerade wenn man in keinen frischen Salat oder frisches Gemüse bekommt, hat man dennoch etwas Frisches auf dem Tisch. Wer es etwas gehaltvoller möchte, könnte außerdem noch Nudeln oder Reis hinzufügen und hat damit das Rezept für ein weiteres Notfallgericht.

Erbsen aus der Dose und eingelegte Paprika ergeben einen leckeren Salat.

Den Salat anschließend etwas durchziehen lassen. Dazu eignen sich Brot oder warme Würstchen.

Zutaten
(für 2 bis 3 Personen):

1 Dose Erbsen (400 g)
1 Glas Tomaten-Paprika (320/165 g)
→ *Dressing*
Salz
Pfeffer
Paprikapulver

Zubereitung:

Das Dressing nach persönlichem Geschmack oder den vorhandenen Zutaten in einer Schüssel anrühren. Kräuter und Zwiebel können hier weggelassen werden. Soll Zwiebel verwendet werden, kann frische Zwiebel auch gegen einige eingelegte Silberzwiebeln ersetzt werden.

Die Erbsen und Tomaten-Paprika gut abtropfen lassen in das Dressing geben und durchmischen. Den Salat mindestens 1 Stunde ziehen lassen, erst dann servieren.
Dazu passen zum Beispiel Brot, Würstchen aus der Dose oder Wurstkonserven wie Schinkenwurst oder Presskopf.

KALT

Kichererbsen-Karotten-Salat

Auch dieser Salat kommt mit wenigen Zutaten aus und ist schnell zubereitet. Verwendet man die Kichererbsen und die Karotten nicht für warme Gerichte oder ist der Gasvorrat zur Neige gegangen, lässt sich so dennoch eine nahrhafte Mahlzeit zubereiten.

Mit Kichererbsen und Karotten aus der Dose ist ebenfalls schnell ein schmackhafter Salat zubereitet.

Zutaten
(für 1 bis 2 Personen):

1 kleine Dose Kichererbsen
2 kleine Dosen Möhrchen
→ *Dressing*

Zubereitung:

Das Dressing nach persönlichem Geschmack und vorhandenen Zutaten in einer Schüssel anrühren. Hier jedoch den Senf durch einen TL Tomatenmark ersetzen. Die Flüssigkeit der Dosen abgießen, aber aufheben. Sie kann zum Beispiel zum Kochen eines Risottos oder für die Zubereitung einer Nudelsoße verwendet werden. Die Kichererbsen und die Karotten in das Dressing geben, durchmischen und etwas ziehen lassen.

Dazu passen ebenfalls Brot, Würstchen aus der Dose oder Dosenwurst. Eine Alternative sind jedoch auch Fischkonserven. Thunfisch aus der Dose kann man separat anrichten oder ebenfalls untermengen.

Neben Brot oder Würstchen passt auch Fisch aus der Konserve dazu.

Rote-Beete-Salat

Rote Beete ist gesund. Die intensiv färbenden Rüben haben zwar nur wenig Kalorien, dafür aber einen hohen Nährwert, denn sie sind reich an Vitamin B und C, Folsäure sowie an Mineralstoffen wie Kalzium, Phosphor, Kalium, Magnesium und Eisen. Gut also, wenn man sie im Notvorrat hat.

Direkt aus dem Glas gegessen stört viele jedoch der leicht muffige Kellergeschmack, der manche an die Weckgläser im Vorrat der Großeltern erinnert. In Verbindung mit den Zwiebeln, dem Essig, dem Öl sowie Salz und Pfeffer entfalten sie jedoch einen anderen Geschmack. Sicher, der typische Geschmack der Roten Beete bleibt, aber so angerichtet finden sie sicher nicht nur in Notzeiten neue Freunde.

Zutaten
(für 1 bis 2 Personen):

1 kleines Glas Rote Beete
1 kleine Zwiebel (Alternativ 8 bis 10 Silberzwiebeln oder 2 TL getrocknete Zwiebeln)
4 EL Essig
1 EL Öl
Salz
Pfeffer

Zubereitung:

Die Flüssigkeit aus dem Glas abgießen und aufheben. Sie kann zum Beispiel für die Zubereitung von Risotto oder als Zutat für eine Nudelsoße verwendet werden. Außerdem kann man sie beim Stampfen von Kartoffelbrei statt Milch verwenden. Hebt man ein paar Scheiben oder Kugeln Rote Beete auf, kann man sie kleingewürfelt dazugeben.

Die Zwiebel klein würfeln und mit der Roten Beete in eine Schüssel geben. Getrocknete Zwiebeln vorher in Essig einweichen. Essig, Öl, Salz und Pfeffer dazugeben und alles gut vermischen. Den Salat 30 Minuten durchziehen lassen und nochmal vermengen.

Der Salat eignet sich wunderbar als Beilage zu belegten Broten oder als Salatbeilage zu warmen Gerichten.

KALT

Bohnen-Mais-Salat (Winnetou-Salat)

Dieses Rezept ist ein altes Familienrezept. Dieser einfache Salat, der bei uns den Namen von Karl Mays tapferem Apachen-Häuptling trug, eignet sich ebenfalls hervorragend als Notfallgericht. Da die Hauptzutaten nicht nur aus dem Inhalt lange lagerfähiger Konservendosen bestehen, sondern gerade Bohnen und Mais auch sättigend sind und wertvolles Eiweiß und viele verschiedene Vitamine sowie Kalium und Magnesium enthalten, versorgt er den Körper auch mit wichtigen Nährstoffen. Und satt macht er dabei auch noch.

Zutaten
(für 3 bis 4 Personen):

1 mittlere Dose rote Bohnen
1 mittlere Dose Mais
1 kleine Dose Thunfisch im eigenen Saft
1 Zwiebel (Alternativ 10 bis 12 Silberzwiebeln oder 3 TL getrocknete Zwiebeln)
4 EL Essig
3 EL Öl
1 TL Zucker
Salz
Pfeffer
Paprika
getrockneter Dill

Zubereitung:

Den Essig mit dem Zucker vermischen. Die übrigen Gewürze nach Belieben zufügen, durchrühren, das Öl und die Zwiebeln dazugeben und vermischen. Getrocknete Zwiebeln vorher in Essig einweichen.

Die Bohnen und den Mais abgießen, das Wasser dabei aufheben und zum Kochen von Reis oder Nudelsoßen oder zum Backen von Brot verwenden. Den Thunfisch samt Saft dazugeben, alles durchmengen und 30 Minuten ziehen lassen.

Der Salat kann wegen seiner gehaltvollen Zutaten ohne weitere Beilagen gegessen werden. Natürlich passt aber auch Brot dazu.

Tipp:

Lässt man den Thunfisch weg, passen auch Würstchen gut dazu.

Taboulé (Couscous-Salat)

Taboulé oder Tabbouleh – es gibt unzählige weitere Schreibweisen – findet seine Ursprünge vermutlich im Libanon und in Syrien. Heute ist es wohl aus dem gesamten nordafrikanischen Raum und auch aus Frankreich nicht mehr wegzudenken. Und auch die Türkei hat mit dem Bulgursalat Kisir ihre Variante.

Mit dem Taboulé verhält es sich ähnlich wie mit dem Kartoffelsalat: Man kann fast alles an Zutaten verwenden, was Küche und Vorratskammer hergeben. Ein weiterer Vorteil: Der Couscous-Grieß kann auch kalt aufgegossen werden. Das spart Gas, das zum Kochen von Kaffee, Tee oder anderer Gerichte verwendet werden kann.

Üblicherweise werden für diesen Salat viele frische Zutaten wie Tomaten, Gurken, Frühlingszwiebel und frische Petersilie oder Minze verwendet. Für den Notfall lassen sich aber auch problemlos Zutaten aus Konserven oder Gläsern verwenden. Schmackhaft wird es trotzdem, und satt macht es auch.

Zutaten
(für 2 bis 3 Personen):

200–250 g Couscous
Wasser
1 kleine Dose Erbsen oder Erbsen und Karotten
½ kleines Glas eingelegte Paprika
½ mittlere Dose stückige Tomaten
1 Zwiebel (alternativ 8–10 Silberzwiebeln oder 2 TL getrocknete Zwiebeln)
2–3 EL Zitronensaftkonzentrat
2 EL Rosinen
1–2 EL Olivenöl
1 TL Zucker
getrocknete Minze
getrocknete Petersilie
Salz
Pfeffer
Chiliflocken

Nach Belieben oder Vorrat:
½–1 kleine Dose Thunfisch im eigenen Saft
1 kleine Dose Sardinen (klein würfeln)
1 kleine Dose Rindfleisch (klein würfeln)

Zubereitung:

Den Couscous-Gries in eine Schüssel füllen, Salz zugeben und mit kaltem Wasser übergießen, bis das Wasser etwa fingerbreit über dem Couscous steht. Abgedeckt beiseitestellen und quellen lassen.

Die eingelegte Paprika und die Zwiebel kleinschneiden, mit den übrigen Zutaten in eine zweite Schüssel geben und alles miteinander vermengen. Wenn das Couscous gequollen ist, ebenfalls untermischen und alles nochmal mit Salz, Pfeffer und eventuell etwas Chili abschmecken.

Vor dem Servieren etwa 30 Minuten durchziehen lassen. Dazu reicht in der Regel Brot, man kann aber natürlich auch Fleisch, Wurst oder Fisch dazu essen.

Sind (noch) frische Lebensmittel wie Tomaten, Gurke, Paprika, Karotten, Stangensellerie oder Lauchzwiebel sowie frische Kräuter vorhanden oder können im Garten oder vom Balkon geerntet werden, sollten diese zuerst verwendet werden. Bei der Zubereitung werden sie in kleine Würfel geschnitten. Die in Konserven gelagerten Lebensmittel sind länger haltbar und können später oder für andere Gerichte verwendet werden.

Gazpacho

Diese kalte Suppe, die viele sicherlich aus Spanien und Portugal kennen, eignet sich natürlich ebenfalls hervorragend als Notfallgericht. Denn auch für sie benötigt man keinen Kocher und kein Gas.

Ursprünglich geht diese Suppe auf die Mauren zurück, die sie aus Knoblauch, Gurken, Brot, Olivenöl, Essig, Salz und Wasser zubereiteten. Tomaten und Paprika kamen erst ab dem 18. Jahrhundert hinzu – nachdem Kolumbus sie aus Amerika mitbrachte.

Für unser Blackout-Rezept verwenden wir Zutaten aus der Konserve. Wenn jedoch (noch) Zwiebeln, Knoblauch, Tomaten, Gurken oder Paprika vorhanden sind oder aus dem eigenen Anbau geerntet werden können, sollte man diese auch hierbei zuerst verwenden und die Konserven für später aufheben.

Zutaten
(für 2 bis 3 Personen):

1 mittlere Dose stückige oder passierte Tomaten
1 kleines Glas eingelegte Paprika
10–12 Silberzwiebeln (wenn vorhanden alternativ 1 kleine oder mittelgroße Zwiebel)
1 Scheibe trockenes Toastbrot (alternativ 1 trockene Semmel oder Semmelbrösel)
Knoblauchpulver (alternativ, wenn vorhanden, 1 Knoblauchzehe)
Olivenöl
Essig
Salz
Pfeffer
Paprika, scharf, Chilipulver, -flocken oder Chilisoße

Zubereitung:

Die Tomaten in eine Schüssel geben. Die Paprika, die Zwiebeln sehr fein hacken und zu den Tomaten geben. Das Brot ebenfalls fein hacken und mit dem Knoblauchpulver (nach Geschmack) zugeben. Wird eine Knoblauchzehe verwendet, diese ebenfalls vorab klein hacken.

Ist eine Flotte Lotte, also eine Passiermühle, vorhanden, alles zusammen durchpassieren. Sonst ein Sieb verwenden. Anschließend je einen Schuss Essig und Öl zugeben und mit Salz, Pfeffer und Paprika oder Chili würzen. Wer möchte, der kann beim Servieren auch noch (getrocknete) Kräuter darüberstreuen.

KALT

Was man bei einem Blackout noch im Haus haben sollte

Artikel	**Bemerkungen**
Kerzen & Teelichte	Kerzen sind bei Stromausfall nicht nur Licht- und kleine Wärmequelle, mit Teelichten lässt sich auch ein Brot backen.
Streichhölzer, Feuerzeug & Gasanzünder	Ohne Feuer kein Licht und je nach Kocher (Raketenofen oder Gaskocher ohne Piezo-Zündung) kein warmes Essen.
Thermoskanne (aus Edelstahl)	Hält Kaffee, Tee oder Suppe warm und eignet sich prima, um Nudeln darin garziehen zu lassen.
Dosenöffner, Taschenmesser & Multitool	Zum Öffnen von Dosen und für schnelle Reparaturen oder andere Dinge, bei denen Messer und Werkzeug benötigt werden.
Taschenlampe & LED-Campingleuchte	Für das schnelle und helle Licht. Per USB aufladbare Geräte können an einem Solarmodul oder einer Powerbank aufgeladen werden.
Batterien	Für alle batteriebetriebenen Geräte ausreichend Ersatzbatterien vorhalten. Alternative: per USB aufladbare Akkus.
Powerbank mit Solarmodul	Zum Laden von Akkus, Taschenlampen oder anderen Geräten.
Solarmodul	Modul samt Wechselrichter so wählen, dass Akkus und Geräte damit aufgeladen werden können.
batteriebetriebenes Radio oder Kurbelradio	Zum Empfang von Nachrichten, Durchsagen und Informationen rund um den Blackout.
Campingtoilette mit Zubehör wie Streu, Hygienebeuteln etc.	Wenn durch den Stromausfall kein Wasser mehr fließt, funktioniert auch die Spülung am WC nicht mehr.
Haushaltspapier	Zum (Vor-)Reinigen von Geschirr und Töpfen, damit beim Abspülen möglichst wenig Wasser verbraucht wird.
Wolldecken & Schlafsack	Funktioniert die Heizung nicht, ist dies eine Möglichkeit, sich warm zu halten.
Alternative Heizgelegenheit	Elektrolüfter und -heizungen funktionieren bei Stromausfall eventuell noch mit einem Generator, der aber Treibstoff benötigt. Nach sinnvollen Alternativen für das eigene Heim suchen. Kann ein Holzofen eingebaut werden (für ausreichend Brennholz sorgen)? Gibt es andere Möglichkeiten?
Ausreichend Zahnpasta, Seife und andere Hygieneprodukte	Fließt aufgrund des Stromausfalls kein Wasser, ist Hygiene umso wichtiger.
Medikamente und persönliche Medikamente	Ausreichenden Vorrat für 3–4 Wochen einplanen.
Verbandmaterial und Desinfektionsmittel	Zum schnellen Versorgen von Verletzungen. Regelmäßig Erste-Hilfe-Seminare absolvieren, damit man weiß, was zu tun ist, wenn so schnell kein Rettungsdienst kommt.

Nachwort & Dank

Liebe Leser,

mein *Blackout-Kochbuch* soll ihnen Ratgeber und Hilfe bei einem längeren Stromausfall oder in anderen Notzeiten sein. Alle Gerichte sind nicht nur leicht zu kochen, sondern eignen sich natürlich auch für »normale« Zeiten. Mein Rat ist daher, sie auch wenigstens einmal zu kochen, wenn der Strom noch fließt. Denn so bekommen sie etwas Übung, und können die Rezepte während einer Notsituation schneller zubereiten. Und wer weiß? Vielleicht wird eines der Gerichte ja sogar zu ihrem neuen Lieblingsrezept.

Mein zweiter Rat ist bei der Auswahl der Zutaten und beim Kochen kreativ zu sein. Überlegen sie, was Ihnen schmeckt, welche der Zutaten zusammenpassen und was sie daraus zaubern könnten. Auch das kann man als gute Übung betrachten und seinen Notvorrat darauf abstimmen. So vorbereitet steht man nicht plötzlich vor der Frage, was man mit einer Packung Mehl und einem Glas saure Gurken anfangen könnte, weil man sich allzu sehr an irgendwelche Ratschläge aus diversen Vorratslisten gehalten hat. Vor allem nicht, wenn diese Listen nicht auf dazu passende Gerichte abgestimmt sind.

Mein Dank geht auch diesmal wieder an den pietsch Verlag, der es mir ermöglicht, mein nunmehr achtes Buch und damit mein zweites Kochbuch zu veröffentlichen. Acht Bücher in nur drei Jahren sind, denke ich, eine Leistung, auf die der Verlag – und natürlich auch ich – stolz sein können.

Ihnen, liebe Leser, wünsche ich viel Spaß beim Lesen, beim Nachkochen und Ausprobieren. Und ich wünsche uns allen, dass uns nicht nur **unser** Wohlstand und **unsere** Sicherheit erhalten bleiben, sondern dass die Menschen in anderen Ländern eines Tages ebenfalls von Hungersnöten, Armut, Stromausfällen und Kriegen verschont bleiben. Wie wir in den letzten Jahrzehnten.

Mit herzlichen Grüßen
Ihr
Michael Scheler